コンテンツのメディア論

コンテンツの循環と
そこから派生するコミュニケーション

松本健太郎
塙　幸枝　著

新曜社

コンテンツのメディア論——目次

装幀——荒川伸生

序章　コンテンツとメディアの現代的な関係性を理解するために

松本健太郎
塙　幸枝

かつてロラン・バルトは「作品からテクストへ」（"De l'œuvre au texte," 1971）と題する論考を執筆したが、それから半世紀ほどが経過した今、私たちが考えるべきは「テクストからコンテンツへ」の移行なのかもしれない。というのも小説や映画のような、以前であれば「テクスト」として位置づけられた対象が、昨今では「コンテンツ」として指呼される傾向にあるからである。こんにちそれらに加えて、マンガやアニメやゲームなどをも射程に収める概念として「コンテンツ」がさまざまに語られるようになった背景には、まず、その循環（サーキュレーション）をめぐる技術的文脈の変容が介在しているはずである。

社会学者のジグムント・バウマンは、現代人が直面しつつある状況を「リキッド・モダン」（液体的・流動的な近代）として位置づけた。彼によるとそのような時代においては、「そこに生きる人々の行為が、一定の習慣やルーティンへと〔あたかも液体が個体へと〕凝固するより先に、その行為の条件の方が変わってしまうような社会」（バウマン 2008：7）が現出しつつあると理解される。たしかに私たちが生きる現代社会は「液体」の隠喩、「液状化」のイメージで表象されるほどに、急速な変容の時を迎えつつあるようにもみえる。

じっさい日常のなかで実感されるとおり、現代人が生きる情報世界はドラスティックに組み変わりつつある。そしてその背景に介在するものとして、多種多様なレベルのコミュニケーションを媒介するデジタルテクノロジーの発達を看過することはできないだろう。かつて〝ガラケー〟と呼ばれた多機能型携帯電話とは異なり、アプリを加除することでいくらでも機能をカスタマイズできる〝スマホ〟のように、昨今の若者たちはＬＩＮＥ、Twitter、Instagram、TikTokなど、手許にある複数のコミュニケーション媒体を組み合わせて――それも自らが所属する文化的グループの基準におうじて――情報世界を巧みにカスタマイズしようとする。そしてそのような技術的前提の変化は、ポストモダン的状況における〝文化の島宇宙化〟とも称される傾向、つまるところ、細分化された小集団、あるいはトライブカルチャーが林立する状況をさらに加速させつつある、ともみることができよう。そしてそのよう現況のなかで、コンテンツの循環をめぐる技術的文脈や、コンテンツから派生するコミュニケーションの様態も大きく変質を遂げつつあると考えられるのだ。

「コンテンツ」という語は、まさにデジタル化が本格化しつつあった一九九〇年代に台頭した概念のようである。福冨忠和によると、「「コンテンツ」という語は、技術やインフラ上の違いを超えて流通する情報の内容を、横断的に示す概念として一九九〇年代から使われ始め、日本でもこの用法が定着するに至った」（福冨 2007：4）と説明される。さらに彼によると「日本では産業政策上の公式な言葉として「コンテンツ」が使われたため、産業界などでも用語として早く定着した。海外では、日本の政策を参照していると思われる韓国や台湾の行政分野で聞くにとどまってきた。たとえば、韓国、台湾の政府関連組織名には、それぞれ韓国文化コンテンツ振興院（ＫＯＣＣＡ：Korea Culture and Contents Agency）、台湾デジタルコンテンツ産業プロモーションオフィス（Taiwan Digital Content Industry Promotion Office）などがある。近年に至って、欧米など英語圏でも、コンテンツが政策上のカテゴリーとして定着した感がある」と解説される（同書：同頁）。

マイケル・スミスとラフル・テラングはその一方で、一九九〇年代を回顧するなかで、コンテンツをめぐる既存のビジネスモデルを動揺させた「パーフェクト・ストーム」を振り返り、技術的文脈の変容がそれを惹起したと主張している。彼の言説もここで引用しておこう。

> コンテンツビジネスは長い間、（少数のメジャー企業による支配を可能にするような市場環境で発展してきたために）順調なセーリングを楽しんできた。これまでは技術革新の嵐が吹き荒れても、メジャー企業はそれを乗り越える方法を熟知しており、自らの競争優位を高めるために利用する方法すら理解していた。しかし一九九〇年代、これまでとは異なる変化が一度に発生した――幅広い領域におけるアナログメディアからデジタルメディアへの転換、パーソナルコンピューターとモバイル技術の急成長、そしてインターネットの登場である。その結果、まったく新しい種類の混乱が生まれ、コンテンツビジネスはそれを乗り越えるための準備が整っていなかった。つまり既存企業のビジネスモデルと市場支配力を脅かす「パーフェクト・ストーム」が発生したのである。（スミス＋テラング 2019：56）

コンテンツの循環をめぐる技術的文脈の変容は、私たちの日常風景をも変えたともいえるだろう。卑近な例をあげれば、たとえば昨今、街中でレンタルビデオ店を見かけることはすっかり少なくなった。それより一昔前の記憶をたどると、私たちは気になる映画作品やドラマ作品などがあれば、それをしばしばレンタルビデオ店で借りたものである。さらにもっと前の時代においては、映画作品を観たければ公開期間中に映画館へと足を運ぶしかなかった。つまり映画作品というコンテンツは、観られる時間や場所が物質的にも物理的にも限定されていたわけである。それが今ではNetflixのようなサービスを経由して、私たちは視聴可能な端末さえあれば、いつでもどこでもデジタルコンテンツと化した映画へと容易にアクセスすることができる。

時代の変化におうじて、「モノを所有する」という意識にも変化が生じたといえるだろう。山田奨治が指摘するように「二〇世紀までの「常識」では、メディア・コンテンツは独創性あふれる「プロ」が作るもので、制作会社が資金・設備・ノウハウを提供してパッケージ型メディアに固定し、流通のプロがそれを宣伝・販売し、消費者はそのパッケージをありがたく買うものだった」（山田 2016：36）。そしてその時代において、コンテンツはＶＨＳやＤＶＤという形態をともなってパッケージ化されていたのである。むろん販売店であれば、商品を購入することでそのＶＨＳやＤＶＤを生涯自分のものにする（所有する）ことができるが、他方でレンタルビデオ店の場合には、料金を払ってもそれが自分のものになるわけではない。レンタルビデオ店は、モノとしてのコンテンツを「売り買いする」のではなく「貸し借りする」という、特有のシステムに支えられていたわけである。

当時、レンタルビデオはコンテンツをめぐる便利な流通形態に思えたわけだが、近年では同様の作品コンテンツを楽しむにしても、ＤＶＤという物質的なモノや店舗という物理的な空間は不要になりつつある。というのも、NetflixやHuluなどのサービスにアクセスしさえすれば、自宅のテレビやスマートフォン経由で作品を視聴することが可能となったからである。ＳＶＯ

D（Subscription Video on Demand）と呼ばれる定額制動画配信サービス（いわゆるサブスクリプション・サービス）のなかで、作品コンテンツは完全にデータ化され、インターネットを介して流通することになる。そして山田が言及するように、「メディア・コンテンツは、たんに「消費」するものから素材として「使う」ものになり、「消費者」はコンテンツの「ユーザー」に変わった」のである（同書：37-38）。

現代社会におけるコンテンツのありようは、あまりにも多岐にわたる。「多岐にわたる」といっても、コンテンツの形態をめぐるバリエーションのみを指してそう表現しているわけではない。むしろコンテンツが置かれた環境や、コンテンツへの接触のあり方が、格段に複層的になったということである。前述の例が示すように、今やコンテンツは物質的な形態をもったモノであるとは限らないし、そうであるならば、お店のような物理的な場所に陳列して売られる必要もない。フィジカルな次元から遊離してデータ化されたコンテンツは、作り手（売り手）と受け手（買い手）という二者間でリニアに受け渡しされるというよりは、無数の人びとの間隙を循環していると把捉したほうが適切かもしれない。あたかもTwitterのつぶやきやInstagramの画像が拡散・共有されるように、である。そして、こうしたコンテンツの変容は、メディアの技術的文脈の変容と表裏一体のものでもある。

デジタル革命の進展にともなって、それまで、とくに二〇世紀においては強大な求心力を有していたテレビの地位も相対化されていったと考えられる。境治は『拡張するテレビ——広告と動画とコンテンツビジネスの未来』において、「放送中心で動いていた映像業界を、コンテンツ中心に移行させるべきだ」（境 2016：208）と主張し、さらにそれをふまえて、次のような洞察を披露してみせるのである。

映像コンテンツにとって、これまでのメディア環境とこれからなにが変わるのか。デバイスで捉えるとはっきりしているだろう。簡単に言えばすべてのデバイス、もっと言えば紙と音声メディアはスマートフォンに吸い込まれる。そして映像も当然スマートフォンを主たる場としていくだろう。〔中略〕人々のメディア接触は、スマートフォンを第一のデバイスとすることになる。いわゆるスマホファースト。それに対してセカンドスクリーンの役割をテレビが果たす。（同書：208-209）

ここで境が選択する「吸い込まれる」という言辞は、スマートフォンの役割を考えるうえで感覚的に理解しやすい。そして彼が指摘するように、現代人にとっての当該デバイスは、もはや「セカンドスクリーン」ではなく、むしろそれが「主」、テレビが「従」という関係へと組み変わりつつある。ともあれ、スマートフォンの台頭が社会におけるコンテンツ受容の形態にも大きく影響を及ぼすという点は、衆目の一致するところではないだろうか。

さて、『コンテンツのメディア論』と題された本書において、これから「コンテンツ」とそれを運ぶ「メディア」、あるいは、「コンテンツ」とそれを支える「技術的環境」との関係が多角的に精査されるわけであるが、ここではまずその定義、すなわち「コンテンツとは何か」という問題について簡単に触れておこう。

コンテンツ（contents）とは、そもそもの語義から考えれば、「中身」や「内容」を指す言葉である。たとえば新聞であれば「記事」、テレビであれば「番組」、ゲームであれば「ソフト」などがコンテンツに該当する。[(1)] なお、この概念は二〇〇四年六月四日に成立した「コンテンツの創造、保護及び活用の促進に関する法律」、その第一章第二条では以下のように規定されて

（1）「コンテンツ」という概念は、その定義によってはさまざまなものを含むことになる。たとえば髙瀬敦也は『人がうごくコンテンツのつくり方』のなかで、次のように語る――「「コンテンツ」という言葉、実はその意味ってあまり定義されていませんよね。デジタルの世界では、言葉通り「中身や内容」で、情報、文章、音楽、動画などを指したりしますが、一般的にはアニメやマンガ、映画や音楽、ゆるキャラやゲームなど、モノや映像がブランド化されて、それがビジネスに繋がったりしているものが、コンテンツだと認識されていると思います。しかし、私は「この世にあるものすべてがコンテンツである」と考えています。厳密には「誰かがコンテンツだと思えばコンテンツ」であると思っています。なぜなら、人からコンテンツだと認識されるかどうかが、コンテンツであるかそうでないかの境界線だと考えているからです。「それ、コンテンツだよね」と思われた瞬間に、その商品やサービスはコンテンツになります」（髙瀬 2018：12-13）。

いる。

> この法律において「コンテンツ」とは、映画、音楽、演劇、文芸、写真、漫画、アニメーション、コンピュータゲームその他の文字、図形、色彩、音声、動作若しくは映像若しくはこれらを組み合わせたもの又はこれらに係る情報を電子計算機を介して提供するためのプログラム（電子計算機に対する指令であって、一の結果を得ることができるように組み合わせたものをいう。）であって、人間の創造的活動により生み出されるもののうち、教養又は娯楽の範囲に属するものをいう。[2]

（2）https://www.shugiin.go.jp/internet/itdb_housei.nsf/html/housei/15920040604081.htm（最終閲覧日：2022.3.10）

コンテンツといった場合、それは一般的には、いわゆる「作品」の単位として想定されることも多いだろう。というのも、ふつう「作品」と呼ばれるものは明確なパッケージに包まれているからである。くわえて従来であれば、そのパッケージは物質的な形態をそなえることも多かった。それはひるがえって、「中身」や「内容」であるところのコンテンツがむきだしのままに存在することは難しく、何らかのパッケージをまとっていることではじめて人びとに認知されうる、という点をも示唆している。

たしかに物理的なモノの売買を前提とするコンテンツ市場では、前記のような「情報」と「モノ」の密接な関係をある程度は認めることができるだろう。だが既述のとおり、現在のコンテンツはそのような市場にとどまらず、ソーシャルメディアやサブスクリプション・サービスをはじめ、インターネット空間に依拠したプラットフォーム[3]にも流通の場を拡大しつつある。「情報／モノ」や「中身／外身（そとみ）」や「コンテンツ／パッケージ」をめぐる既存の関係性が

（3）サービスの利用者と提供者をつなぐための土台となる環境を指す。

インターネットの介入によって瓦解しつつあることからも理解されるように、コンテンツの形態の変容は、その流通環境の変容とも不可分に関連しているのである。

急速な変容を遂げつつある現代社会においては、もはやコンテンツを「作品」という単位でのみ想定することは難しくなりつつある。ソーシャルメディアを含むインターネット環境がプラットフォームとしての役割を担いつつある今、そこに浮遊するコンテンツは必ずしも明確なパッケージをもって存在するわけではなく、より断片的な情報単位で受容される場合もあれば、反対に、諸断片の集積からなる総体が一つのコンテンツ受容の単位になる場合もある。これらを勘案すると、現在的なコンテンツはどこかにそっと置いてあったり、はたまた、リニアな導線上のみを移動したりするものではない――換言すれば、それは「循環」の構図を随伴するものになりつつあるのだ。

さて、ここでいまいちど、『コンテンツのメディア論』という本書のタイトルに立ち戻ってみよう。現代における「コンテンツ」と「メディア」との関係とは、いかなるものであるのか。あるいは、「コンテンツ」と「技術的環境」との関係とは、いかなるものであるのか。それらの問いを検討するためには、まず手始めに「メディアとは何か」ということを確認しておく必要がある。メディア（media）という語は「中間物」や「媒介物」を意味するメディウム（medium）の複数形である。その字義どおり、情報を媒介し、メッセージを運ぶというのが、メディアの役割の一つである。他方で、コンテンツとは情報の「内容」を指すのであるから、メディアとはコンテンツを運ぶ乗り物である、と解することもできる。しかし問題は、この乗り物としてのメディアがどのような構造をしているのか、という点である。たとえば「音楽CD」や「ゲームソフト」のように、コンテンツがモノ的なパッケージをまとう場合、コンテンツとメディアの関係は比較的捉えやすいものであるかもしれない。それに対して現在、多様なコンテンツへの入口となっているスマートフォンを考えてみると、そこでの「コンテンツ」と「メディア」との関係は、かつてとは様相を異にしていることが見てとれる。この点をめぐる詳しい議論は第1章に譲るが、本書の焦点の一つは、コンテンツのプラットフォームとなるメディアの技術的文脈を含めて、現在のコンテンツのありようを検討することにある。他方で、そうしたコンテンツとメディアの関係が、コンテンツを受容する人びとにとって何をもたらしうるのか、という点にも目を向ける必要があるだろう。すなわちコンテンツとメディア、そして、それらがつなぐ人びとの関係性にまで視野を押し広げてみることが、本書のもう一つの狙いとなる。

ともあれ、本書では以上のような認識に立脚したうえで、現代的なメディア社会、あるいは、その技術的環境における「コンテンツの振舞い」を多角的に照射するために、合計で一二の章が用意されている。本書は二部構成となっているが、そのうち第I部の「テクノロジーが導くコンテンツの循環」では、おもにメディアテクノロジーの次元から「コンテンツの循環」をめぐる現代的なコンテクストを照明することになる。第1章の「デジタルメディアが運ぶものとは何か――シミュレートされる「メディウム」と「コンテンツ」の輪郭」では、私たちにとって不可欠なデバイスとしてのスマートフォン、およびそのなかで駆動するアプリを取り上げながら、現代のデジタル環境下における「メディア」と「コンテンツ」の関係を整理することになる。第2章の「リモート・コミュニケーションにおける顔と対面性――ビデオ会議システムを介した「見ること／見られること」の変容」では、Zoomのようなビデオ会議システムを介したリモート・コミュニケーションを取り上げながら、それが従来の対面的なコミュニケーションとどのように異なるのかを検討する（そこではとくに、顔を「見る／見られる」という知覚の問題に注目しながら、リモート・コミュニケーションの相互行為をめぐる社会的なまなざしに焦点をあてる）。第3章の「アイドルコンテンツ視聴をめぐるスコピック・レジーム——マルチアングル機能とVR機能が見せるもの」では、アイドルのライブDVDなどのコンテンツで採用されている「マルチアングル機能」をとりあげながら、それが「見せるもの／見せないもの」を検討していく。そのうえで、近年台頭しつつあるVR（バーチャルリアリティ）機能のような視覚テクノロジーにも言及しながら、映像を見るという行為における視線の変容を探っていくことになる。第4章の「メディアと化す旅／コンテンツと化す観光——COVID‐19がもたらした「バーチャル観光」の諸相」では、新型コロナウイルス感染症以前から進展してきた現代的なメディア環境の急速な変容を概観したうえで、いくつかの事例に依拠しながら「バーチャル観光」をとりあげる。このコンテンツは「体験の技術的合成」を指向する側面を有しているが、本章ではこれを分析の俎上に載せることで、観光領域における「メディア」と「コンテンツ」の今日的な関係性を整理してみたい。第5章の「ゲームのなかで、人はいかにして「曹操」になるのか——「体験の創出装置」としてのコンピュータゲーム」では、『三国志』を題材とする歴史シミュレーションゲームをとりあげながら、人間とゲームとの現代的な関係に目を向けることになる。第6章の「デジタル時代の幽霊表象——監視カメラが自動的／機械的に捕捉した幽霊動画を題材に」では、おもにカメラの機械的なまなざしによって撮影された各種の心霊系コンテンツをとりあげたうえで、人間にとっての究極的な体験ともいえる「死」が、なぜ現代社会において無数のイメージを産出しているのか、という問題を考察することになる。

つづく第Ⅱ部の「コンテンツが生成するコミュニケーションのネットワーク」では、コンテンツを基点として構築されるコミュニケーションのありようを検討の俎上に載せることになる。第7章の「アクセシビリティと意味解釈――お笑いコンテンツにおける字幕付与」では、これまであまり注目されてこなかった娯楽の領域、とくにお笑いコンテンツをめぐる情報アクセシビリティの問題を取り上げる。稀有な実践例である漫才への字幕付与を題材としながら、アクセシビリティをめぐる課題が単純な情報入手だけにはとどまらない、メッセージの意味解釈を射程に含む問題であることを提示していく。第8章の「いかにして子供たちはコンテンツ文化に入っていくのか――YouTube上の幼児向け動画を題材として」では、YouTubeで視聴可能な子供向けの動画――とくに、おもちゃアニメ「アニメキッズ♥ANIMEkids」のチャンネルにアップロードされたそれ――を分析の俎上に載せつつ、子供たちがいかにしてコンテンツ文化に入っていくのか、その導入をめぐる現代的な様態について考察を展開することになる。第9章の「アイドル文化をめぐるコンテンツの多層性――「〈推し〉／私／私たち」の「関係性」がコンテンツ化されるとき」では、〈推し〉が誰かとのあいだに結ぶ人間関係に着眼しつつ、現在のアイドル文化を支える重要な要素として「関係性／コミュニケーションのコンテンツ化」ともいえる現象を考察の俎上に載せることになる。第10章の「メディアミックス的なネットワークに組み込まれる人びとの身体――サンリオピューロランドにおけるテーマ性／テーマパーク性の流動化」では、多摩センターに所在するサンリオピューロランド周辺をめぐる空間消費の現状をとりあげながら、それを拡張された「テーマパーク」概念との関係性のなかで捉えなおすことになる。第11章の「YouTube動画による「旅の体験」の共有――コンテンツ／プラットフォームとしてのその役割」では、YouTubeのコンテンツ／プラットフォームとしてのあり方に着眼しながら、具体的な分析の題材として、旅行系ユーチューバーとして活躍する「おのだ／Onoda」「Sam Chui」「the Luxury Travel Expert」によるチャンネルをとりあげる。そしてそのうえで、YouTube動画がいかにして「旅の体験」をシェアするための回路になりえているのかを考察していくことになる。第12章の「個人的空間のテーマパーク化――位置情報ゲーム「ドラクエウォーク」を題材に」では、リアルとバーチャルの間隙で人びとの行動を誘導する位置情報ゲームをとりあげ、それを「テーマパーク的空間の拡張」という観点から考察していくことになる。

以上が本書に収められた全一二章の概要である。それぞれの論考で扱われる題材も、スマートフォン、Zoom、ライブＤＶＤ、バーチャル観光、歴史シミュレーションゲーム、ホラー、お笑い、幼児向け動画、アイドル文化、テーマパーク、旅行系ユーチューバー、位置情報ゲームと、きわめて多様性に富んでいる。そのようなさまざまな題材を手がかりに、「コンテンツ」と「メディア」との現代的な関係を多角的に考察する――本書がそのためのきっかけを読者に提供するものになりえていれば、執筆者として幸いである。緒言を終えるにあたって、本書の刊行に御尽力いただいたすべての方々、とりわけ、ご多忙のなか編集作業を進めてくださった新曜社の編集者、渦岡謙一氏に心よりお礼を申し上げたい。

○引用・参考文献

境治（2016）『拡張するテレビ――広告と動画とコンテンツビジネスの未来』宣伝会議
スミス、マイケル＋ラフル・テラング（2019）『コンテンツビジネス・サバイバルガイド』小林啓倫訳、白桃書房

髙瀬敦也（2018）『人がうごくコンテンツのつくり方』クロスメディア・パブリッシング

バウマン、ジグムント（2008）『リキッド・ライフ――現代における生の諸相』長谷川啓介訳、大月書店

福冨忠和（2007）「コンテンツとは何か」長谷川文雄＋福冨忠和編『コンテンツ学』世界思想社、2-16頁

山田奨治（2016）「メディア・コンテンツと著作権――「よき人生」のための「文化コモンズ論」「かかわり主義」」岡本健・遠藤英樹編『メディア・コンテンツ論』ナカニシヤ出版、35-48頁

Barthes, R.（1994）*Roland Barthes, Œuvres completes, Tome II 1966-1973*, Éditions du Seuil

第Ⅰ部

テクノロジーが導くコンテンツの循環

第1章　デジタルメディアが運ぶものとは何か

――シミュレートされる「メディウム」と「コンテンツ」の輪郭

私たち現代人は一日のうちかなりの長さの時間を、目でスマートフォンを凝視することに、また、指でそのタッチパネルを操作することに費やしている。そして、その視覚と触覚の交差する画面上では、私たちを楽しませつつ、ちょっとした〝隙間時間〟を便利に埋めてくれる各種のアプリが整然と配置されている（図1-1）。

私たちは画面上のそれらのアプリをつうじて、多種多様なコンテンツを享受しうる。つまり小さな板状のデバイスをつうじて、自由自在に、小説やマンガを読んだり、映画やドラマをみたり、ゲームをプレイしたりすることができるのだ。それらは指先の操作によっていとも簡単に実現されるわけだが、しかし考えてみれば、そのようなコンテンツはほんの数十年前まで、紙という物質をつうじて読まれるものだったり、ブラウン管という装置をつうじて見られるものだったりしたはずである。

じっさい、現代人は一日のうちかなり多くの時間を、スマートフォンと接触する――すなわち、そのタッチパネルを「凝視」しながら「操作」する――ことに充てている。博報堂ＤＹメディアパートナーズ・メディア環境研究所の「メディア定点調査 2021」[1]の統計データによると、日本人は一日のうち、平均して一三九・二分もの時間を「携帯電話／スマートフォン」を操作して過ごしているという。[2]むろん、一口に「スマートフォンとの接触時間」といっても、

図1-1　スマートフォンのうえにならぶアプリ

（1）https://mekanken.com/mediasurveys/（最終閲覧日：2021.12）

（2）これはあくまでも全世代の平均値であり、若い世代に限っていうならば、その種のポータブルデバイスとの接触時間はもっと長い。

そのデバイスのなかで駆動するアプリは多様であり、また、その使用を前提としたユーザーの体験も多様であるといえるだろう。じっさい現代人は起床から就寝まで、じつにさまざまなかたちで各種アプリの恩恵にあずかっている。たとえば、目覚ましアプリのアラームで起床する、通勤電車の時刻をチェックする、そして身動きがとれない満員電車のなかで映画やゲームに興じる……。それこそ私たちの生活（および、それを構成する個々の行為）は、多種多様なアプリと連携しながら進行しているのだ。意識しようとしまいと、そのようなメディア接触の形態は私たちの日常において常態化しており、もはや、それなしに生活を送ることは困難といえるほどまでに、不可欠なものとして経験されつつあるのが実情であろう。

ともあれ、私たちがスマートフォンの操作に没頭するとき、画面を視認する目と、それを操作する指が交差するところに配置されているのは、タッチパネルに描き出された「アプリ」である。そのアプリは、これから本章で論及していくように、何らかの「メディウム」あるいは「コンテンツ」を提示するための現代的なテクノロジーとして機能する。それでは各種アプリの使用を前提としたスマートフォンは、現代のデジタル環境下にあって、どのような「メディア」として私たちの前に立ち現れつつあるのだろうか。

第1節　「メディアはメッセージである」のか？——メタ・メディアとしてのスマートフォン

メディアはメッセージである。（マクルーハン 1987 : 7）

一般的な認識からすれば、メディアはメッセージを運ぶ。そしてそのような見方を採用すれば、メディアは「メッセージを運ぶ乗り物」であり、したがって「メディア」イコール「メッセージ」ではないように思われる。しかしそれにもかかわらず、二〇世紀後半に活躍したマーシャル・マクルーハンは『メディア論――人間拡張の諸相』のなかで、前記のような言葉を放ったのである。これは一体どういう意味なのだろうか。

マクルーハンが主張しようとしたのは、つまりは次のことである――メディアとはそれが伝達するメッセージ以上に、それ自体がメッセージ性をおびており、個々のメディウムの技術的な特性によってコミュニケーションのあり方が規定される。簡単な例をあげるならば、たとえば誰かに同じメッセージを伝えるにしても、直接会って話すのと、直筆で手紙に書くのと、LINEで済ませてしまうのとでは、相手に与える印象もだいぶ変わってくるはずである。あるいは、ある映画をみた直後にその原作の小説を読んだ場合、双方からうける印象の違いに驚くこともあるだろう。マクルーハンが着眼したのは、仮に伝達の対象となるものが同一のメッセージだとしても、それを運ぶメディア(=乗り物)の差異によって、コミュニケーションやその帰結が大きく変容する、という点である。

マクルーハンは「メディアはメッセージである」という印象的な言葉によって、「メディアを形作る前提を無視してメディアを中立的で無色透明なものと考え、内容ばかりに目が行く表層的な論議を戒めた」(服部 2018:2)といえるが、しかし忘れてはならないのは、彼が『メディア論――人間の拡張の諸相』でそのような主張を展開したのは今よりもかなり前のこと、具体的にいえば一九六四年のことである。では、その当時に彼が提起した「メディアはメッセージ」であるという警句は、一九九〇年代以降のインターネットの普及、そして二〇〇〇年代以降のスマートフォンの普及を経たのちも、いまだに有効であると即断しうるのだろうか。

おそらく、答えは否であろう。なにしろ当時は、ネットを「検索する」人も、あるいは、スマホの画面を「タップする」人も皆無だった時代である。メディアがデジタル化され、さらにポータブル化された今、スマートフォンは単純に「メッセージの乗り物」というよりも、もっと複雑な何かとして私たちの前に立ち現れつつあるように思われる。

スマートフォンとは何か、という問いを思い浮かべてみたとき、第一に、その「〇〇フォン」という名称が端的に示唆するように、それはまず「電話」として認知されるのが一般的ではないだろうか。電話（telephone）とは「遠い」を意味する接頭辞「tele-」に、「音」を意味する「phone」が結びついて構成された単語であり、そもそもは「遠くの音を聞かせてくれる」というその機能こそが第一義的であったはずである。しかしメディウムとして発展を遂げるなかでそれに数々の機能が付加され、たとえば「コードレスフォン」「フィーチャーフォン」「スマートフォン」などがその典型となりうるように、「電話」というメディウムの輪郭も曖昧化していった。

それでは「電話」が当初のものと比べて大きく変遷した今、スマートフォンはどのようなメディアとして私たちの前に出現しつつあるのだろうか。端的にいえば、多数のアプリ使用を前提とするそれは「メディアのメディア」もしくは「メタ・メディア」として位置づけうる。たとえば、バーチャル地球儀ソフト「Google Earth」をダウンロードしてそのアプリをたちあげれば、縮尺を自在に操りながら、地表の形状を思いどおりに鳥瞰することができる。ライブストリーミング形式によるインターネットテレビ「Abema TV」のアプリをたちあげれば、テレビのように数々の番組を視聴することができる。あるいはＤＪソフトウェア「djay」のアプリをたちあげれば、スマートフォンをコントローラ代わりにして曲をミックスすることができる。それだけではない。スマートフォンはときに写真機や計算機やゲーム機に化け、また、新聞やラジオや映画に化け、さらには、手紙やメモ帳や目覚まし時計にも化ける。そして、立ちあげられたアプリの機能に応じて、ユーザーはそのつど「視聴者」になったり、「DJ」になったり、「カメラマン」になったり、「計算機の使用者」になったり、「プレイヤー」になったりといった具合に、その役割の更新を意図せずとも受け入れることになる。つまるところ、ユーザーがどのようなアプリをダウンロードし、それを起動させるかによって、スマートフォンの「メディア」としての機能や、それを使用するユーザーの役割が刻々と変化していくのである。そう考えてみた場合、従来のアナログ媒体におけるメディウム的な特性と比較すると、デジタルメディアとしてのスマートフォンは「メディアのメディア」あるいは「メタ・メディア」として位置づけうるものであり、またその作用によって、個々のメディウムの輪郭を溶解させつつある、と理解してみることができるのだ。

第2節　デジタル化＝「メディアのコンピュータ化」

写真、電話、テレビ……これら従来から存在したメディウムが「デジタル化」されるとき、何がどう変化するのだろうか。ブルース・シュナイアーがこれに関して示唆に富んだ説明をしているので、以下にそれを引用しておこう。

先日、わが家の冷蔵庫の修理を頼んだとき、修理業者は冷蔵庫を制御するコンピュータを交換した。私はそのとき、自分が思い違いをしていたことに気づいた。私たちのキッチンにあるのは、コンピュータつきの冷蔵庫というより、食品を冷やすコンピュータと言ったほうがいい。このように、私たちの身のまわりのものは、ことごとく「コンピュータ」になっている。電話は、通話ができるコンピュータだ。自動車はハンドルとエンジンのついたコンピュータで、オーブンはラザニアを焼けるコンピュータ、カメラは写真を撮るコンピュータだ。そして、ペットや家畜にまでコンピュータチップが取りつけられるようになった。私の飼いネコは、日がな一日、陽だまりで昼寝するコンピュータ、といったところだ。(シュナイアー 2016:32)

さすがにネコ＝「昼寝するコンピュータ」は冗談だとしても、ここで列挙される「冷蔵庫」「自動車」「オーブン」などを考えてみると、現在それらにはたしかにチップが埋め込まれ、ある側面においては「コンピュータ化」している。ここに「デジタル化」の本質を見出すことはそう難しくはないだろう。

他方、石田英敬も「デジタルメディア革命」に言及するなかで、それを「平たく言えばすべてがコンピュータになるということ」であると指摘している(石田 2016:120)。つまり「電話・カメラなどといったアナログメディアの形状を残していながら、中身はコンピュータ」になる、というのがその内実だという(同書:同頁)。つまるところコンピュータとしてのデジタルメディアによって、あるいは、その「0」と「1」であらゆる記号がデジタル的に処理される数学的なパラダイムによって、従来のアナログメディアの形状がシミュレートされているわけである。むろん写真のデジタル化といっても、レンズなどを含めそのすべてがコンピュータ化されるわけではない。石田によると、そこでは「アナログで撮った画像の明度・彩度をコンピュータがすべてデジタル記号（0と1）に変換し、情報処理」することになる（同書：127）。

ここでデジタル一眼レフカメラと比べた場合、スマートフォンに搭載されたカメラはその本来の姿かたちから解放され、抽象化された「記号」と化している。タッチパネル上で四角く描出されたカメラアプリ（図1-2）を立ちあげ、白いシャッターボタンを押せば、私たちはいとも簡単に写真を撮影することができる。

ともあれ、アプリを加除することで意中の機能をそなえうるスマートフォンには、人類が過去に考案した多種多様なメディウムの姿が集約されている、と解することができる。あるいは視点を変えてみると、人類が過去に発明してきた各種のメディウム（写真、電話、新聞、ラジオ、テレビ……）は、スマートフォンのなかで一定の物質的な基盤をそなえた「モノ」として実在するというよりは、むしろその画面上で記号的[3]に描画され、その姿や働きがシミュレートされている、とも捉えることができよう。iPhone上で駆動するアプリは、ものによっては「テレビ」になり「DJコントローラ」になり「計算機」になるが、別にそれらのガジェットが「モノ」として実在しているわけではない。むしろそれらはスマートフォンという装置＝「モノ」のうえで、個々のメディウムとしての外見や機能が模倣的に再現されているのだ。そう考えてみるならば、スマートフォンはマクルーハン的な意味での「メッセージの乗り物」というよりも、むしろ「メディアの乗り物」として把握するほうが適切である、といえるかもしれない。

第3節　アプリを横断するコンテンツ——スマートフォンのなかのメディアミックス的越境性

図1-2　iPhoneのカメラアプリ

（3）ここで「記号的」と表現したが、デジタルデバイスが表象するGUIは、記号論／記号学でいうところの「記号」として位置づけうる。記号というと、一般には地図記号とか道路標識とかを想起する人が多いかもしれないが、その分野でいうそれはもっと幅広いカテゴリーであり、言語・映像・音楽などを含め、人間がそこから意味を読みとりうるものすべてが「記号」ということになる。

前節までの議論で明らかになったように、スマートフォンは「アプリ」という形式をもちいて、人間が過去に考案してきた多種多様な「メディウム」の姿をシミュレートするものといえる。その限りにおいて、デジタルメディアとしてのスマートフォンは「メディアの乗り物」であるといえるが、これに対して本節では、それを別の観点から、すなわち「コンテンツの乗り物」という観点から再考してみたい。

岡本健は「コンテンツ」という概念について、それを「基本的には「内容」や「中身」のことを指す語」としたうえで、「content は動詞でもある。その時には、人を「満足させる」という意味をもつ。本書で扱う「コンテンツ」も、ただの情報内容ではなく、人を満足させ、楽しませるものである」と規定している（岡本 2016：4-5）。一般的に「コンテンツ」として指呼されるものとして、新聞であれば「記事」、テレビであれば「番組」、ゲームであれば「ソフト」など、人を満足させる「内容」や「中身」が想定されうるが、それらは実質的には文字情報、音声情報、動画情報の集積によって成立するものでもあり、したがって見方によっては、メディアが運ぶ「メッセージ」の水準と同位にあると考えられる。

ちなみにデジタル革命を経た現在、新聞・テレビ・映画・ゲームなどの各種メディウムはスマートフォンのうえでアプリへと変換され、ユーザーはそれらのアプリを窓口として、新聞の「記事」、テレビの「番組」、映画の「作品」、ゲームの「ソフト」などのコンテンツを受容することができる。ようするに、指先の操作でアプリをひらくだけで、驚くほど簡単にコンテンツへの扉を開くことができるのだ。

むろん現代日本において、私たちは「メディアミックス」が重要な鍵語となるような文化を経験しつつあり、その影響は、スマートフォンをつうじたコンテンツ受容にもあらわれている。たとえば私たちは、もしそれを望むならば、コミックシーモアのアプリを使用してマンガ版の『ジョジョの奇妙な冒険』を読了した後に、Hulu のアプリを使用してそのアニメ版を鑑賞することさえ可能である。あるいは、スマホ版の法廷バトルゲーム「逆転裁判6」をプレイした後に、Amazon のプライムビデオで実写版の『逆転裁判』をみることもできる。つまりスマートフォンにダウンロードされた異なるアプリをつうじて、同じタイトルのコンテンツを意のままに受容することができる。そして言うまでもなく、そのような「柔軟」ともいえるコンテンツ受容が可能となった背景には、マーク・スタインバーグが『なぜ日本は〈メディアミックスする国〉なのか』のなかで詳述するようなメディアミックス的状況がある、とも付け加えておくべきだろう(4)。

コンテンツ／アプリ／デバイス——それらのデジタル環境下における三者関係を念頭におくならば、マクルーハンが提唱した「メディアはメッセージである」といった警句や、あるいは「メディアとメッセージの関係」をめぐる従来的考察は、いかにして更新されるべきなのだろうか。次節では「透明性」という視点を導入しながら、さらにこの問題を考えていきたい。

第4節　アプリ接触のプロセスに介在する二重の透明性

既述のように、私たちはスマートフォンのアプリをつうじて、コンテンツとして「小説」や「マンガ」を読んだり、「映画」や「ドラマ」をみたりする。それは一昔前のアナログ時代とはまったく異なる体験であるはずなのだが、私たちはその小さな画面をつうじたコンテンツ受容に慣れきってしまい、それをあらためて内省してみる機会すらない、というのが実情であろ

(4) スタインバーグは次のように指摘する——「研究を進める内に、メディアミックスが中心的な研究テーマになりにくいのは、日常生活の一部になりすぎてしまって透明化し、あまりにも自明のことであると思われているからではないかと、ぼくは徐々に考えるようになった。あまりに透明で自明すぎてしまうことが、メディアミックスへの言及の少なさの理由だろう。日本のメディア状況におけるその中心性にもかかわらず、メディアミックスそのものについて記したのは本書が初めてなのだ」(スタインバーグ 2015 : 32)。他方で田中絵麻は、「日本におけるメディアミックスは、アニメと玩具メーカー間でのキャラクター展開、マンガと玩具の同時展開、アニメの映画化、ノベライズ、コミック化など多様な展開を見せており、「製作委員会方式」によるものばかりとは限らない。また、展開される作品、サービス、グッズが多岐にわたることに加えて、個別の作品毎に展開方法が異なることから、これらのすべてを含めたコンテンツ産業における企業間取引の実態を明らかにすることは

う。

筆者が『デジタル記号論――「視覚に従属する触覚」がひきよせるリアリティ』のなかで主張したことであるが、「私たちが何かしらのメディアとの接触に馴化していく過程で、メディアそのものは次第に意識されなくなっていく。じっさいに、いったんあるメディアの使用や操作に馴れてしまうと、そのメディアそのものは「透明化」する」、換言すれば「メディアがその媒介作用を十全に発揮するとき、そこで何かに媒介されているという感覚や意識は消失していく」のである（松本 2019：106）。たとえば「写真をみる際に、その透明な表象そのものは通常は意識の俎上にのぼることはない。人々が実際にみているのは写真そのものではなく、写真にうつりこんだ被写体の形象だからである。また読書をする際に、ページを捲（めく）るという身体と物質との接触体験は通常は意識の俎上にのぼることはない。人々が読書によって作品世界に没入するときには、書物による媒介意識は忘れ去られているからである」（松本 2013：84-85）。ようするに私たちがあるメディアを使い始めるとき、当初はそれが異物のように感じられるが、次第にその使用に慣れてくると、「何かに媒介されているという感覚や意識」（＝媒介意識）は後退していくのである。そして「媒介意識の後退」は、写真にしても小説にしてもゲームにしても、人が何らかのコンテンツに没入するための前提条件になる、ともいえるかもしれない。

ちなみにこの問題は、ジュビレ・クレーマーが『メディア、使者、伝達作用――メディア性の「形而上学」の試み』のなかで言及する「メディアの消滅」と関連づけて理解できるかもしれない。以下、彼の言葉を手短に引用しておこう。

> 日常的な使用においてメディアは何かを現象させるが、メディアが示すものはメディア

困難である」と指摘している（田中 2009：161）。

自体ではなく、メッセージである。したがってメディア現象においては、感覚的に目に見える表層が意味となるが、目に見えないメディアが深層構造をなしている。〔中略〕メディアの成功は、メディアの消滅において保証される。（クレーマー 2014 : 17）

かつてマクルーハンは「メディアはメッセージである」と語り、メッセージを伝達する媒体そのもののメッセージ性を強調した。しかし、まったく別の見方をすれば、メディアが何かしらのメッセージを提示する際、メディアそのものは意識されてはならない（つまり「表層」のメッセージ（＝意味）のみが可視化され、「深層」をなすメディアは見えなくなる。つまりメディアが強力なメッセージ性を放ってはマズいのである）。つまり、クレーマーが論及するように、「メディアの消滅」は「メディアの成功」を保証する。あるいは、「メディアは媒介性が意識されなくなったときに、その作用を十全に発揮することができる」のだ（松本 2019 : 201）。

しかしこの「メディアの消滅」をめぐる問題は、スマートフォンを介したコンテンツ受容を事例として考えたとき、そう単純ではないことに気づく。というのも先述のように、デジタルメディアとしてのスマートフォンは「メディアのメディア」であり、いわば入れ子構造的に、「アプリ」というかたちでシミュレートされたメディアを、「スマートフォン」というデジタルメディアが包摂する二重構造をなしているからである。そのような新種のデジタルメディアにおいては、ユーザーが画面上のアプリを探してそれをタップするまでは、メディアとしてのスマートフォンが「深層」をなし、アイコンとして描かれたアプリが「表層」的なメッセージとして可視化されることになる。しかしいったんアプリをひらいてしまえば、そのアプリのフレームは後景化し、むしろその内側で表象されるコンテンツのみが意識される状態になる（つまり「表層」だったアプリは、それが起動してコンテンツを提示する段階になると、メディアとして「深層」を構成するようになるのだ）。

いずれにせよ、本章ではスマートフォンを「メッセージの乗り物」ではなく、「メディアの乗り物」として規定してきたが、以上の議論をふまえるならば、その言い方ではまだ不十分なようである。むしろより正確な表現を期するならば、スマートフォンとは「メッセージ（＝コンテンツ）の乗り物（＝メディアとしての「アプリ」）の乗り物（＝メディアとしての「デバイス」）」であり、それを経由したコンテンツ受容のプロセスにおいては、二つの水準での透明化——「デバイスの透明化」と「アプリの透明化」——が介在しうるのである。じっさい、私たちがスマートフォンの画面に没頭する瞬間、そのメディアとしてのデバイスは意識されなくなっている。そして、さらに私たちがアプリをひらいてコンテンツに没入する瞬間、そのメディアとしてのアプリのフレームは意識されなくなっているのだ。

さまよう指先とその先にあるもの——小括

私たちの指は、一日あたり数時間もスマートフォンのタッチパネル上をさまよっている。タップ、フリック、スワイプ、ピンチイン、ピンチアウト——それこそさまざまなタッチジェスチャー——を駆使しながら、つるつるとしたタッチパネルの表層を繰り返し、反復的に触りつづける。そしてその指の先あるものは、各種のメディウムの代理物として機能するアプリ群であり、また、それらを窓口とするコンテンツ群である。

さて、本章ではスマートフォンとそのアプリをおもな題材として、デジタル時代における

「メディア」と「メッセージ」の関係性をあらためて考察してきた。そしてスマートフォンのメディアとしてのあり方を確認したうえで、それによってシミュレートされる「メディウム」および「コンテンツ」の輪郭を検討してきたのである。

二〇世紀後半に活躍したマクルーハンは、「メディアはメッセージである」という有名な警句を後世に残した。しかしながら、デジタル革命を経た現在、私たちはその有効性をいまいちど問い直す必要があるのかもしれない。というのも、コンテンツ／アプリ／デバイスの多重構造を前提とするスマートフォンは、デジタル時代における「メディア」と「メッセージ」の新たな組合わせを私たちユーザーに突きつけている、そう考えてみることができるからである。

（**松本健太郎**）

〇引用・参考文献

石田英敬（2016）『大人のためのメディア論講義』筑摩書房
岡本健（2016）「メディアの発達と新たなメディア・コンテンツ論」岡本健＋遠藤英樹編『メディア・コンテンツ論』ナカニシヤ出版、3-20頁
クレーマー、ジュビレ（2014）『メディア、使者、伝達作用――メディア性の「形而上学」の試み』宇和川雄ほか訳、晃洋書房
シュナイアー、ブルース（2016）『超監視社会――私たちのデータはどこまで見られているのか？』池村千秋訳、草思社
スタインバーグ、マーク（2015）『なぜ日本は〈メディアミックスする国〉なのか』大塚英志監修・中川譲訳、KADOKAWA
田中絵麻（2009）「メディアミックスの産業構造――企業間取引と制作委員会方式の役割」出口弘＋田中秀幸＋小山友介編『コンテンツ産業論――混淆と伝播の日本型モデル』東京大学出版会、159-

186頁
服部桂（2018）『マクルーハンはメッセージ――メディアとテクノロジーの未来はどこへ向かうのか？』イーストプレス
マクルーハン、マーシャル（1987）『メディア論――人間の拡張の諸相』栗原裕ほか訳、みすず書房
松本健太郎（2013）「スポーツゲームの組成――それは現実の何を模倣して成立するのか」日本記号学会編『セミオトポス⑧　ゲーム化する世界――コンピュータゲームの記号論』新曜社、71-87頁
松本健太郎（2019）『デジタル記号論――「視覚に従属する触覚」がひきよせるリアリティ』新曜社

第2章　リモート・コミュニケーションにおける顔と対面性
——ビデオ会議システムを介した「見ること／見られること」の変容

お笑い芸人ジャルジャルによるコント動画「リモート面接でたぶん寝転んでる奴」[1]は、コロナ以降に拡大したリモート・コミュニケーションを考えるために、有益な視点を含んでいる。このコントでは就職活動のリモート面接が描かれるが、ビデオ会議システムを介した（制約的な）やりとりのなかで、面接者が「寝転んだまま面接に臨む」という「普通ではありえない状況」がおかしみを誘う。面接者（図2-1の左）が寝転んでいることは、画面に映った姿（重力に逆らう顔や髪）からも明らかだが、面接官から嫌疑をかけられてもなお、あの手この手で「寝転んでいる」ことを隠そうとする様子には、狂気すら覚える。この一風奇妙な状況設定から、私たちは何を論じることができるだろうか。

そもそも何かを笑うという行為は一般的に、社会的・文化的なコード（取り決めや常識）の共有を前提として、そのコードから外れたものに違和の目を向けることで成り立つ。逆説的に考えれば、笑いの成り立ちを分析することで、当該社会が「あたりまえ」だとみなしていることに行き着くことができる。この原理に則って、前記のコントが提示する笑いに、いくつかの重要な事柄を見出しておこう。

第一に、これがリモート・コミュニケーションをテーマにしたコントであるという点に目を向けたい。ジャルジャルはコロナを契機に、数ある YouTube チャンネルのなかでもいちはや

図2-1　コント動画「リモート面接でたぶん寝転んでる奴」

（1）https://www.youtube.com/watch?v=G9JIVSA7Vtc（最終閲覧日：2022.2.7）

く「リモート・コント」という新境地の開拓をみせていた。前記のコントはその一連の試みにおいてもひときわ注目され、一〇〇〇万回以上の動画再生回数を誇っている。配信当初[2]、コロナ禍において急浮上したビデオ会議システムという新たな手段に何とか順応しようとしていた多くの視聴者にとって、このコントが（笑いをもって）概ね好意的に受け取られたことは、リモート・コミュニケーションをめぐるコンテクストが人びとのあいだにある程度浸透していたことのあらわれともいえる。

第二に、リモート・コミュニケーションのツールが「顔」を焦点化するメディアであるということを、このコントが示唆する点は重要である。コント内で「寝転んでいる／いない」という攻防が生じるのは、ビデオ会議システムにおけるコミュニケーションが顔という身体の一部を中心としてしか相手のプレゼンスを確認できないことに起因する。これが通常の面接であれば、「寝転んでいる」ことは一目瞭然で、それを「隠す」のは困難である。しかしリモート・コミュニケーションでそれが可能になるのは、画面に映るもの（映らないもの・映さないもの）が一定のコントロール下に置かれうるからであって、そのなかでも（視覚情報としての）顔が優位な情報源とみなされているからであろう。このことは、リモート・コミュニケーションにおける顔の意味と、それをめぐる人間の知覚のあり方が、重要な検討事項であることを示している。

第三に、このコントがリモート・コミュニケーションという新たな環境（コンテクスト）をテーマとする一方で、面接（あるいは対面コミュニケーション全般）におけるマナーや振舞いという点では従来の規準（コード）を参照している点に注目したい。ここで面接官が「寝転んでいる／いない」ということに執拗にこだわるのは、それが社会的な規準に抵触する「無礼な

（2）この動画が配信された二〇二一年一月二二日は、二度目の緊急事態宣言が発令された最中であった。

振舞い」だ（という共通認識が保持されている）からである。そのうえで少々複雑なのは、他方で面接者の「無礼さ」が「画面に映る範疇での配慮（＝ばれなければ配慮しなくてよい）」という新規的な規準にもとづくものである点だ。つまり、リモート・コミュニケーションでは（テクノロジーの介入をも加味した）いくつかのフレームが絡み合いながら、人びとの言動が規定されうるわけである。このことは第二の点とも重なりながら、リモート・コミュニケーションにおける「顔」とまなざしをめぐる振舞いの問題を提示する。

これらの事柄を手がかりにしながら、本章ではZoomのようなビデオ会議システムを介したリモート・コミュニケーションを取り上げ、従来のコミュニケーションとのあいだにどのような同異が認められるのかを検討する。リモート・コミュニケーションにおいてはことさら「顔」を「見ること」が重要な意味を帯びることに留意し、以下ではコミュニケーションにおける「顔」の位置づけを確認することから話をはじめたい。さらには、顔を「見る／見られる」ことをめぐる知覚の問題へと視点を移したうえで、その先に、リモート・コミュニケーションの相互行為をめぐる社会的なまなざしと振舞いの問題を考えていく。

第1節　顔とコミュニケーション

直接的に人と会ったり、会話を交わしたりすることができない状況では、「相手の顔が（直接に）見えない」ということが懸念事項の一つとされている。コロナ禍において代替的な対面の方法が模索されてきたことは、「相手の顔が見えない」環境が実質的な不便をともなうからでもあるが、それ以上に、私たちがいかに対面性に拘泥しているのかということを明らかにしたように思う。もしコミュニケーションが「機械モデル」(Shanon & Weaver 1949)の想定するとおり「メッセージの単純な伝達」のみを目的とするのであれば、対面以外の方法でも十分にその目的は達成されるはずである。しかし人びとが「対面性」にこだわるのは、コミュニケーションが相手のプレゼンスを含んださまざまなコンテクストによって編み出される、複合的な行為であることの証左ともいえよう。

私たちが「顔が見えない」コミュニケーションに不安をおぼえるのはなぜか、ひるがえって、コミュニケーションにおける「顔の意味」とは何か。そもそも顔は、リモート・コミュニケーションのずっと以前から、コミュニケーションにおける重要な関心事であった。ここで看過できないのは、顔には「目」という感覚器官が含まれることにより、おのずと視線によるやりとりが付随する、という点である。視線を交わすことにはさまざまな意味がともなうが、自らの意思や感情を表示したり、また、相手の意思や感情を読み取ったりするなど(ヴァーガス 1987)、それが非言語メッセージを送り送られるための一つの回路であることは言を俟たない。人間のコミュニケーションは言語と非言語の両要素、あるいは複数の非言語要素によって構成されるが、そうした側面からみれば、顔のないコミュニケーションはメッセージ解釈のための重要な手がかりを閉ざされた状況であり、それゆえに欠乏感をもたらすともいえる。

しかし、コミュニケーションにおける顔の役割は、これらの点だけにとどまらない。顔は「見る」行為の基点になると同時に「見られる」対象にもなるわけだが、この「見る/見られる」という行為の連鎖は、「見られる」ことを「見る」という回路の先にある自己の規定にも大きくかかわっている。なぜ自己の規定において他者の視線が重要な意味をもつのか、その根底には、そもそも自分の顔が自分によって直接的に確認できないという、「私」と顔をめぐる特有の距離感が関係している。西兼志は以下のように指摘する。

〈顔〉は本当に自分のものなのだろうか？ 〈顔〉ほど、われわれにとって遠いものはないのではないだろうか？ われわれは、ほんの鼻先を除いて、〈顔〉を直接目にすることもない。自分の姿を撮したはずの写真に違和を覚えたことはないだろうか？ みずからのアイデンティティーを証すはずのものでありながら、それを揺るがすものなのではないか？ みずからのものだと信じ切ってしまうことで、その他者性にもっとも気づかないでいるものなのではないか？ あるいはむしろ、〈顔〉とは、そもそも、みずからのものというより、他者のために、そして、他者によって存在しているものなのではないか？〔中略〕〈顔〉とは、自己の他者、わたしに帰属する他者、わたしには帰属しきれない、異物としての他者、別言すれば、自己と他者、親密さと違和、近さと遠さ、内と外が交差する場、同時にその両者である場なのだ。（西 2016 : 7-8）

自己が他者を通して認識されるものであり、とりわけそれが顔を経由して実践される行為であることは、以下の鷲田清一の論述にも共通する。

わたしはわたし（の顔）を見つめる他者の顔、他者の視線を通じてしか自分の顔に近づけないということである。われわれは目の前にある他者の顔を「読む」ことによって、いまの自分の顔の様態を想像するわけである。その意味では他者は文字どおり〈わたし〉の鏡なのである。（鷲田 1998 : 56）

これらの主張が示すように、コミュニケーションにおける顔と、それに付随する「見る／見られる」という行為は、相手が（そして相手に映る自分が）「たしかにそこにいる」という、プレゼンスを確認するための重要な手段として機能していることがわかる。だとすれば、顔が見えないことへの不安は、相手に関する情報の不足だけに起因するのではない。むしろそれは、相手が見えないことで自分の振舞いをそのつど省みながら意味づける、すなわち「自己を規定する回路」を喪失することに起因すると把捉しうるだろう。

こうした点をふまえつつ、リモート・コミュニケーションに目を向けてみたい。ビデオ会議システムのように、リモート・コミュニケーションを可能にする多くのプラットフォームでは、「顔が見える」状況が確保されている。これは一見すれば、コミュニケーションの対面性を担保するように思えるが、実際のところ、それは従来の対面コミュニケーションと同一のものとは言い難い。というのも、そこにあらわれる顔とは、対面コミュニケーションがもたらすような、（自分の）肉眼が捉えた目前にある（相手の）顔ではないからである。その代わりに、ビデオ会議システムを用いたリモート・コミュニケーションでは、「カメラを介した顔」「モニターを介した顔」「鏡（映像のミラーリング機能）を介した顔」といった、別の水準における顔が重要な意味をもつことに注目したい。

すでに確認したように、対面コミュニケーションにおける顔とは、（他者から）見られる客体であると同時に、（他者を）見る主体にもなりえた。しかしカメラの介在によって、その関係は微妙に変化することになる。さかのぼるのであれば、写真というメディウムの登場にそうした変化の萌芽を見出すこともできる。

写真を撮る、撮られる、見るという写真行為をなりたたせているのは、モデルのまなざしとカメラ・アイと匿名の視線という、けっしてひとつに収斂することなく、宙づりのなかでおたがいにズレあい、屈折し、拡散する独特の視線構造である。われわれはカメラを介して、これまでにはなかったまったくあたらしい他者とのまなざしの関係に立つことになる。(西村 1997 : 69)

かつての写真の場合には、撮影の瞬間と現像された写真を眺める瞬間とのあいだに時差が生じるわけであるから、それはリアルタイムにオンラインで進行するビデオ会議システムとは大きく異なるが、カメラ・アイの視線を感じてそちらをまなざし返してみても実際には誰とも(撮影者とも、画像の閲覧者とも)視線を交わすことができないという点では、共通性を認めることができる。

これに加えて検討しなければならないのは、ビデオ会議システムにおいてカメラが捉えた像は、リアルタイムに出力されることで、誰かにとっての「相手の顔」として機能している点である。この場合、相手の顔はモニター越しに表示されるのだから、それはたしかに「顔が見えるコミュニケーション」ではある。しかし問題は、相手の顔が見えるのに直接的に視線を交わすことができない、つまり同時的に「見る/見られる」という関係性を結ぶことができない、という点にある。もし仮に、相手のモニターに映し出された自分の顔に(見せかけの)相互注視をさせたいのなら、こちら側にいる自分は(モニターに映る相手の顔ではなく)カメラを凝視しなければならない。だから、ビデオ会議にあらわれる顔は、厳密にいえば、視線とは切り離されてモニター越しに陳列された顔なのである。

このような顔と視線をめぐる変化は、同時的な相互注視の喪失だけに見られるのではない。前述したように、ビデオ会議においてカメラが捉えた像は相手のモニター上に出力されるが、同時にその像は自分のモニター上にも出力される。しかもZoomのシステムでは、「ミラーリング」機能によって、モニター上の自分の顔があたかも鏡に映されたそれと同じように見えることは興味深い。従来の対面コミュニケーションでは、当然のことながら、私たちは自分の顔を確認することはできなかった。だからこそ、他者の顔が自分を映すある種の「鏡」として機能したわけである。これに対してZoomでは、(視線が合わない相手の顔だけを自己規定の手がかりにするのはあまりに心もとないという事情も加わって) ミラーリングされた自分の顔がもっと直接的に「鏡」としての役割を担っている。鏡像が自己の二重化をともないつつ、「こちら側に立つまなざしの主体と、むこう側の見られる客体とのあいだの裂け目、主・客の弁証法は、主観による反省によって、そのつど〈わたし〉という内面性の領域へと回収される」(西村 1997 : 63) ものなのだとしたら、ビデオ会議における顔はあまりに自己完結的な回路に閉じ込められてしまったようにも思われる。しかしそこでの鏡と顔の関係は、通常の鏡を見る行為がもたらすものとは性格を異にする部分もある。

ところで、見られる顔は通常、他人との関係を結ぶとき何らかの表情をとる。もし表情のない顔で知人に接したとすれば、知人はどんな反応を示すだろうか。自分を忘れてしまったのかと怪訝に思うかもしれない。あるいは自分のことを気づいてくれていないと感じて、自分であることをわからせようとするかもしれない。人と対面したとき、われわれは顔の表情を相手に投げかけることでその人との関係を築く。一方、鏡を覗き込んで自分の顔を相手にあれこれ表情をつくることは、役者の修行でもなければきわめて稀だろう。もっとも「普通」の、言い換えればもっとも表情のない自顔の「スタンダード」を確認するために、人は鏡のなかを覗き込むのである。（柏木 2008 : 294）

ここでは、「鏡で見る自分の顔」が「自分のためだけの顔」として想定されているが、ビデオ会議においてミラーリングされた自分の顔を見ることは、自分の行為をモニターしつつ自分の振舞いを調整するという行為を帯びており、もはやそれは他者の目から完全に遮断されたものではありえない。

従来の対面コミュニケーションを想定すれば、自分の顔とは本来、自分では決して到達できないはずのものであったが、前記のような状況下では「顔の見え方」のコントロールに関する新たな意識が提起されている。顔をどのように捉え位置づけるのかということは、私たちがリモート・コミュニケーションにおいて情報をどのように知覚するのかという問題とも通底している。

第2節　知覚をめぐる制御

自明のことながら、「対面（face to face）コミュニケーション」とは、その字義通り「顔をあわせて」「面と向かって」おこなわれるコミュニケーションを指す。ビデオ会議システムを用いる目的は対面性（同時性、双方向性）を担保することにあろうが、既述のとおり、そこでの「顔」のありようは従来と微妙な差異をはらんでいた。それのみならず、ビデオ会議システムを介したコミュニケーションのもう一つの重要な側面は、(「顔」を含む) 情報がデバイス・モニターのフレームによって制約されたり、認知の様式が情報アクセスの回路によって変更されたりする、ということである。つまり、リモート・コミュニケーションにおける対面性 (対面性/対面性) の変容を考えるためには、そこにあらわれる「顔」と同時に、それをめぐる感覚モダリティのありよう (私たちが身のまわりの環境を把握するための知覚の様式) についても検討する必要がある。

たとえばZoomのようなビデオ会議システムでは、カメラをオンにすれば相手の顔を見ることができるし、マイクをオンにすれば相手の声を聞くこともできる。相手の存在を視認することによってある程度のテレプレゼンス (Milne 2004) を獲得することができる。しかしそれは、目の前に相手が「いる」という体感 (触覚性) とは切断的でもある。そもそも人間の知覚は五感によって複合的に組成されたものであるが、ビデオ会議システムでは提示される情報が映像や音声に偏り、視覚や聴覚に過度に特化した状況がつくりだされることで、マルチモダルな認知による環境の把握とは異なる状況がもたらされるわけである。また、映像と音声に微妙なタイムラグが生じたり、映像と音声をそれぞれ単一にオン/オフできたりすることによって、あたかも視覚と聴覚をそれぞれ単一的に作動させることが可能であるような印象を受ける。つまり、そこでは駆動される感覚が制限的であり、なおかつ分断的であるといえよう。

これはマクルーハンが指摘する感覚比率の問題として捉えることができる (マクルーハン 1986)。マクルーハンによれば、機械技術の発達によって特定の感覚機能が拡張あるいは外化されることで、人間の諸感覚に分裂的な状況が生じたり、その相互作用の新しい型が生み出されたりする。そこには、人間の諸感覚の機能が本来相補的な関係にあることが示唆される。

この「諸感覚の相互作用」という概念の要点は、人間の認識能力、経験能力において二つの働きが区別されるところ、すなわち、単一の感覚器官による受容能力から、感覚データを総合し完全化する高次の能動的な働きが峻別されたうえで、後者が重要視されるところにある。この後者の重視は、諸感覚はそれぞれ他から独立して単独で働くことはない、という見解にまで至り、諸感覚が「専門分化」され、あたかもそれぞれ独立した機能を持つというような考え方そのものに対する批判となっている。（和田 2021：64）

このように、人間の知覚体験が複数の感覚器官をつうじた複合的な認知によって実現することを考えれば、たしかにビデオ会議におけるコミュニケーションは視覚や聴覚に特化され、しかもそれは周囲の環境を立体的に体験することとは距離がある。ただし、リモート・コミュニケーションとは異なる従来の対面コミュニケーションにおいても感覚比率の変容をもたらす要因が介在する可能性は大いにあるのだから、これを対面コミュニケーション対リモート・コミュニケーションという構図によって意味づけることは適切ではないかもしれない。

知覚体験が複合的なものであることを承知したうえで、ビデオ会議システムにおける変容を視覚認知に焦点化して考えてみることもできる。たとえばZoomの場合には、表示画面のデザインを「ギャラリービュー」（参加者全員が同じサイズのウィンドウでグリッド状に並置されるデザイン）と「スピーカービュー」（発言者が他の参加者より大きなサイズのウィンドウで表示されるデザイン）から選択できる。このように「相手の見え方」をコントロールできるということが、まず通常の対面における視野のあり方とは異なっている。「ギャラリービュー」を選択した場合、発言者のウィンドウは参加者が並ぶグリッドの先頭へ自動的に移動するが、これは視線をつねに発言者と紐づけることを誘導する。通常、人間の視線は視野のなかである程度自由に（とはいえ、技術的制約とは別の、さまざまな文化的・社会的制御が加わりうるが）、かつシームレスに浮遊できるわけだから、こうした状況はビデオ会議システムに特有のものと捉えることができる。また、グリッド上に並ぶウィンドウの配置自体も「見え方」を規定する重要な要因となる。というのも、それが一画面上に並置される以上、ある参加者の姿は他の参加者の姿との関係性のなかで意味づけられる可能性を免れないからである。

ここで、冒頭に触れたジャルジャルによるリモート・コントの試みから、またしても興味深い一例となるコント動画「肉体改造できたフリする奴[3]」をあげておこう。コントの内容に関する詳しい説明は避けるが、このコントではZoomにおけるグリッド表示（上下に並ぶ別の人物の「顔」と「体」）と、それに対する視覚的な意味解釈（合成的に浮かび上がる一人の人物像）のありようが、巧みに描かれている（図2−2）。通常の対面コミュニケーションであれば隣り合う二人の人物の身体部位を合成的に捉えてしまうことなどありえないが、それがここで可能になるのは、私たちの視覚体験が情報の配列と関連づけによって規定されること、つまりは、情報の配列と関連づけ次第で「見え方」をコントロールすることができることを示している。

コントロールの対象となるのは、「相手の見え方」だけではない。「自分の見え方」についても、従来の対面コミュニケーションとは別の仕方で手を加えることができる。たとえばZoomの場合には、「外見補正」機能によってビデオに映る自分の顔の肌映りを調整できる。また、「ビデオフィルター」機能を使えば、帽子や眼鏡などのポップなアイテムを自分の顔に投影させることもできるし、「スタジオエフェクト」機能を使えば、眉毛や髭、リップカラーなどの

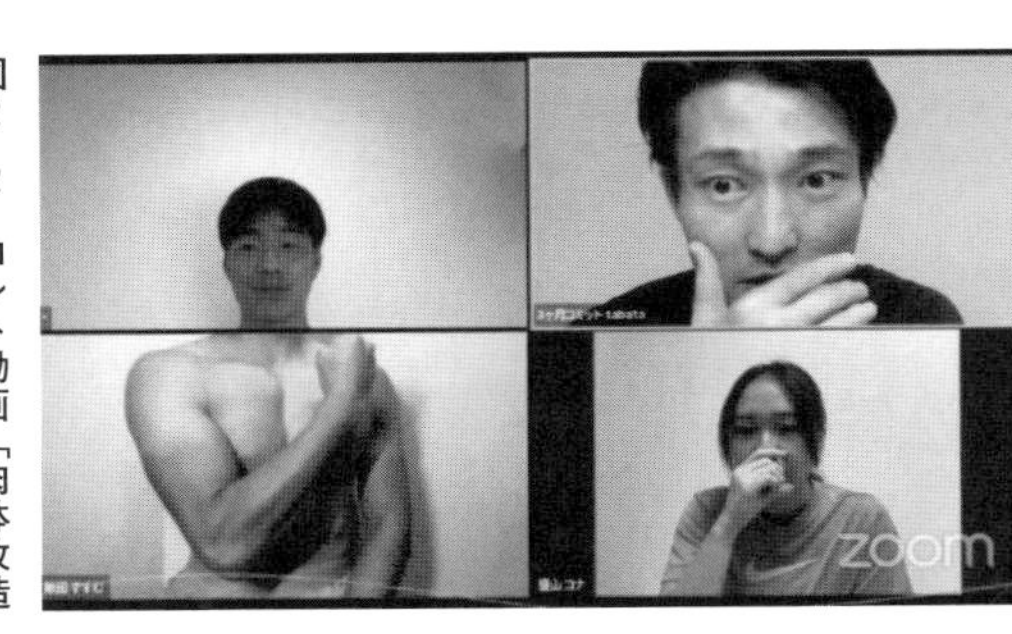

図2−2　コント動画「肉体改造できたフリする奴」

（3）https://www.youtube.com/watch?v=aBKcme0AWLs（最終閲覧日：2022.2.7）

加工を施すこともできる。こうした行為は米澤泉が指摘するような「リモート映え」をめぐる「顔のコンテンツ化」と地続きのものであるといえる。

このように、私たちは「リモート映え」という新しい生活様式における顔のあり方を求められている。それは、顔を自己コンテンツとして、可能な限り演出することであり、フィジカルな顔にとらわれることなく、デジタル・イメージとしての顔を表象することである。（米澤 2021 : 7-8）

岡本健は content という語の意味に着目し、コンテンツを「ただの情報内容ではなく、人を満足させ、楽しませるものである」（岡本 2016 : 5）と定義しているが、Zoom における顔のエフェクト機能はミラーリングされた顔をモニターし続ける自分自身を楽しませるコンテンツであると捉えることもできる。

これらに加えて最後に、リモート・コミュニケーションをめぐる空間に対する認識のあり方についても言及しておこう。ビデオ会議システムによるリモート・コミュニケーションは画面内という限定的な範囲においては相手と場を共有する一方で（視覚的同期）、同時に、画面外においては参加者それぞれがまったく別の物理的な場をともなっている（触覚的分断）。画面内でいくら緊迫した議論がおこなわれていても、窓の外に気配を感じたり、家のチャイムが鳴ったりすれば、私たちの意識は即座に現実空間のほうに引き戻される。このように、リモート・コミュニケーションが画面内で生じるやりとりのみならず、画面外の物理的コンテクストにもある程度縛られているという状況は、イェスパー・ユールが指摘するような「半現実」をめぐる議論とも重なる部分がある。ユールはテレビゲームをプレイするということが、ルールの実践については現実的であると同時に、作品のストーリーについては虚構的でもあることを指して、それを「半現実」と呼んだ。

> ビデオゲームは、プレイヤーが実際にやりとりする現実のルールからなるという点で、またゲームの勝敗が現実の出来事であるという点で、現実的（real）なものだ。一方で、ドラゴンを倒すことでゲームをクリアするという場合、そのドラゴンは現実のドラゴンではなく虚構的（fictional）なドラゴンだ。そういうわけで、ビデオゲームをプレイすることは、現実のルールとやりとりすることであると同時に、虚構世界を想像することでもある。（ユール 2016：9）

むろん、リモート・コミュニケーションの場合、画面内でのやりとりがまったく虚構的なものであるとは言い切れないが、ビデオ会議のプラットフォームにアクセスし、操作するという行為は、テレビゲームをプレイする際の「半現実」性と類似するところもある。付言しておけば、リモート・コミュニケーションにおける「虚構」性とは、宇野常寛が指摘するような「拡張現実」的な虚構、すなわち「ここではない、どこか」を仮構する「仮想現実」的な虚構ではなく「ここ」を多重化し拡張するもの（宇野 2020）、として捉えたほうが妥当であろう。

このような点をふまえると、リモート・コミュニケーションの対面性には、とりわけ「見る／見られる」という視覚行為の優位化にともなう、知覚の変容が介在していると理解できる。その延長線上には、「見る／見られる」ことをめぐる様式の変化が、社会的なまなざしや振舞いに対してどのような変更を加えうるのかを検討しなければならない。以下ではとくに、「半現実」的な空間認識が、物理的な水準のみならず、社会的な水準においても影響していることを考えてみたい。

第3節　コミュニケーションをめぐる制御

コロナ禍以降、ビデオ会議システムが盛んに利用されるようになった背景には、それが（電話やメールとは異なり）対面性を担保するものと捉えられてきた事情があるわけだが、ある程度ビデオ会議システムを利用し慣れてみると、じつは「特段の条件が課されなければ、参加者の多くはカメラをオンにしたがらない」という反対の状況を目の当たりにすることがある。とくに大学の講義などをはじめ、話し手と聞き手とのあいだに一対多の構図が生まれやすい状況においては、対面性の遮断がいとも簡単に実行されうる。ここで考えてみたいのは、カメラをオフすることによって画面上から「（自分の）顔を消す」という行為の是非ではなく、それが何を理由におこなわれるのか、また、いかなるコミュニケーションを生成するのか、ということである。

まず思い出しておきたいのは、カメラを介したコミュニケーションが、疑似的な対面性を担保するものであったとしても、決して視線の交差を実現しないという点である。「見る／見られる」行為から相補性が失われたとき、それは「一方的に見る／一方的に見られる」行為へと変化する。非対称的な視線が所有や監視の意味をともない、ときにある種の権力構造を生み出しうることは、しばしば指摘されてきたことだが、リモート・コミュニケーションにおいてもそれは例外ではない。視線にある種の力がともなうことを、多くの人は経験的に知っているからこそ、いつ誰に見られているかを厳密に特定できない状況で、むやみに顔を晒すことは避けられるべき行為になるというわけだ。

しかし、問題はそれほど単純ではない。これに加えて検討すべきは、「顔出し」を拒むという行為が、オフする側の勝手な判断として実践されるというよりも、オフされる側による「配慮」というお墨付きを携えたうえで実践されうる可能性である。興味深いことに、現在の一般的な認識では、画面上から「顔を消す」あるいは「顔を出さないでおく」という個々人の選択に対して、お互いが寛容な態度を示すことが求められる。従来であれば、人と会うときには脱帽するのがマナーとされてきたし、対面の場でつねに顔を覆っているような人がいれば不審な目で見られたことだろう。しかし、ビデオ会議システムを介したコミュニケーションの場では、「顔出し」を（促すことは可能でも）強要してはいけない、というのが共通の理解となっている。これはまさに相手への「配慮」のありかたが変化した結果と捉えることもできる。

それではなぜ、このような配慮の変化が生じているのか。よく指摘されるのは、「自己情報コントロール権」の観点から、プライバシーの流出を懸念する見方である。自己情報コントロール権とは、個人に関する情報の公開や削除、収集の許諾などをめぐって、本人がそれを決定する権利を指す。ビデオ会議システムに表示された自分の顔は、知らぬ間に誰かに記録され、拡散されないとも限らない。「顔出し」を拒否する理由に自己情報コントロール権の観点からアプローチすることは、その権利の可否や重要性の議論からはいったん離れるにせよ、重要なことを示している。すなわち、そこでの顔が個人情報（個人を同定するための要素）として捉えられ、なおかつ、データとして流通可能なものとして位置づけられる、という点だ。かつてなら、顔とは何よりもまず一つの身体部位であり、それが勝手に収集されることなど物理的に不可能であったはずである。しかし、それが「情報コントロール」の対象とみなされているということは、同時に、コミュニケーションにおける顔はフィジカルなものであるばかりでなくデータとして流通しうるということを示している。これは既述の「顔のコンテンツ化」とも通底する問題である。

しかし、配慮の背後にあるのはかならずしも情報の流出という観点だけではない。表立って口に出されることは少なくとも、人が「顔出し」できないとき、そこには「さまざまな事情」があるのだろう、という含みをもった、別種の配慮が存在するように思われるのだ。たとえば、「もしかしたら相手はいま寝起きで、化粧をしていないのかもしれない（——だから「顔出し」を強要することはできない）」とか、「もしかしたら相手はいま家のリビングにいて、生活感漂う風景を背負っているかもしれない（——だからカメラオンを強要することはできない）」とかいった類の配慮がそれにあたる。もちろん、人と会うときに化粧をしなければいけない決まりはないし、部屋の背景がどうであろうと相手に迷惑をかけることはないだろうが、ここではそれがビデオ会議（授業）の場に不相応だと「社会的にみなされている」ということが重要な意味をもっている。この類の配慮がとくに「カメラをオフにする側」ではなく、「カメラをオンにしてもらいたい側」にとっても大きく作用するのは、（公的空間への個人情報の「流出」というよりも）私的空間へ「足を踏み入れる」ことに対する遠慮という感覚に起因するるのではないか。ここで思い出しておきたいのは、ゴッフマンが以下の文章で説明するような「儀礼的無関心」である。

そこで行なわれることは、相手をちらっと見ることは見るが、その時の表情は相手の存在を認識したことを（そして認識したことをはっきりと認めたことを）表す程度にとどめるのが普通である。そして、次の瞬間にすぐに視線をそらし、相手に対して特別の好奇心や特別の意図がないことを示す。〔中略〕他人に対して儀礼的無関心を装うことによって、われわれはまわりに居合わせた他人の意図を疑ったり、その存在を恐れたりしていないことを、また彼らに敬意をもったり、彼らを避けてはいないことをほのめかす（同時に、他人にこのような態度で臨むことによって、われわれは自動的に他人からも同じような扱いを受けることになる）。（ゴッフマン 2017 : 94-95）

ゴッフマンによれば「儀礼的無関心を装うことと、逆に相手にそれを要求する権利とは関連がある」（同書 : 97）とされており、儀礼的無関心をめぐる両者の視線は均衡を保ったものであると想定されている。しかし既述のように、リモート・コミュニケーションにおいては、そもそも視線の交差が成立しないため、事情が異なってくる。「凝視するのではなく一瞥にとどめる」という配慮が機能しないとなれば、「見ることの無礼」を排除する（あるいは、「自分は見ることの無礼を避けている」ということを示す）ための一つの方法として、「顔出しを強要しない」という態度が有効性をもつことは十分に考えられる。しかしカメラオフを許容するということは、相手にも同じように振る舞う義務を負わせるのではなく、むしろ相手が自由に凝視する（自分は見られずとも相手を見ることができる）権利を与えることにもなる。依然として、そこには視線の不均衡が、そしてそれにともなう配慮の不均衡が生じている。このように考えれば、リモート・コミュニケーションにおける顔のやりとりは、監視とプライバシーの観点だけでなく、社会的な相互行為の観点からも照射することができるだろう。

ここでもう一点、リモート・コミュニケーションにおける配慮には、公的空間／私的空間をめぐる問題が介在しているらしいことに視点を移そう。鈴木謙介は「現実の空間に付随する意味の空間に無数の穴が開き、他の場所から意味＝情報が流入したり、逆に情報が流出したりする」状況を空間的現実の「多孔化」と呼んでいるが（鈴木 2013：137）、それはビデオ会議システムのような場においてもあてはまる。

〔前略〕いまや現実空間はメディアを通じて複数の期待が寄せられる多孔的なものになっており、また同じ空間にいる人どうしがその場所の意味を共有せずに共在するという点で、空間的現実の非特権化が起きているのである。多孔化した現実空間をどのように生きるか。それはこれからも個人の重要な選択としてあり続けるだろう。だがここで大きな問題が生じる。個人がどのような意味の空間を生きようと、物理空間はひとつしかなく、私たちはその物理空間でともに生きているということだ。（同書：同頁）

ビデオ会議システムの場合にも、まず参加者はそれぞれの現実空間に身を置いているわけで、その現実空間を基点として考えれば、リモート・コミュニケーションの回路は現実空間を多孔化する一つの穴とみることができる。それはたしかに、往々にして「空間的現実の非特権化」をもたらす。他方で、先に述べた配慮を考えてみるとき、それはビデオ会議システムというウェブ上のつながりの向こう側に相手の私的空間を想像し、それを尊重する態度（あるいは身振り）であるともいえる。だとすれば、普通、リモート・コミュニケーションは「空間的現

（4）これについては、アンソニー・ギデンズの議論を参照して

実の非特権化」を生じさせるものであったとしても、ある種の配慮が示されることによって、そこには「(私的な)空間的現実の特権化」がほんの少し出現するようにも見える。それはおそらく、コロナ禍のリモート・コミュニケーションが、とりわけ「おうち時間」といったフレーズのもとに、家という場所(私的空間)と強固に結びついた状況のなかでおこなわれた、という特殊な事情にも起因するだろう。そのように考えてみると、多孔化するのは空間的現実だけでなく、リモート・コミュニケーションの場にも複数の(私的空間としての)空間的現実とつながる穴が開いているのであって、前記の配慮にはその穴の存在が影響しているともいえる。

以上にあげたコミュニケーション上の変化は、日常生活のなかであたりまえにおこなわれている相互行為の意味を、かえって白日の下に晒す。ビデオ会議システムの活用はある面で「顔が見える」ことへの欲求をかなえうるが、それは同時に、容易に「顔を見えなくする」方法をシステム的にはらんでいるのであった。この「顔出し」をめぐるある種の攻防は、そもそも顔がそこに「ある」ということの意味を考えさせる。顔がそこに「ある」ことによってはじめて、それにともなう表情や相槌などの振舞いの読解がなされるわけだが、私たちの日常生活におけるたいていの相互行為はその総体によって可能になる。いま相手がどういう表情をしているのか、その表情がどういう意味なのか、ということ以前に、相手の顔がちゃんと見えている、自分が視線を送れば相手も視線を返してくれる、そういったごくあたりまえのやりとりが、交話的コミュニケーションのレベルで重要な意味をもっている[4]。

言語学では、「コンタクトが成立していることを確認するメッセージ」のことを「交話

もよい。ギデンズはコミュニケーションをめぐる「些細な約束事」が安定的な社会生活の枠組みとなるとして、ガーフィンケルによる会話実験(「どう調子は(ハウ・アー・ユー)?」「僕の何がどうだというの? 僕の体調かい、懐具合かい、勉強かい、機嫌かい、それとも……」「(紅潮して、にわかに自制心を失い)お前ネ、お愛想で言っただけだろ! はっきり言って、お前がどうだろうと俺の知ったことか。」)を参照しながら、以下のように述べている。「お喋りの際の明らかにとるに足らない約束事が守られなった場合、人はなぜかくも狼狽するのであろうか。われわれの毎日の社会生活が有する安定性と有意味性は、述べられていることがらとその理由についての、明言されていない文化的諸前提の共有に依拠しているからである。〔中略〕それゆえ、お喋りの際の一見重要でない約束事と思えるものが、結果的に社会生活の枠組みそのものの基盤となっていることがわかる。この意味で、こうした約束事の違反は、非常に由々しい事態になる」(ギデンズ 2001:101-102)。

> 的メッセージ」と呼ぶ。／「交話的メッセージ」の典型は、電話口で私たちが口にする「もしもし」である。「もしもし」は、「この回線は通じていますか？」を意味する。それに対する「もしもし」という応答は、「コンタクトは成立しています」を意味する。コンタクトが成立していることを相手に知らせるもっとも確実な方法は（中略）相手が言ったことばを繰り返すことだからである。／交話的コミュニケーションの目的は「通信回路の立ち上げ」、つまり「コミュニケーションのコミュニケーション」あるいは「コミュニケーションの解錠」である。つまり、「もしもし」こそ、メタ・メッセージのおそらくもっとも純粋で原初的な形態なのである。（内田 2004：22-23）

内田樹が簡潔に指摘するように、交話的コミュニケーションとは「コミュニケーションの解錠」であり、重要なメタ・コミュニケーションである。ビデオ会議システムの場合において、私たちがある種の「やりづらさ」を感じるのは、顔をめぐる回路（あるいは、声をめぐる回路）が遮断されることによって、メタ・コミュニケーションが成立しにくくなるからであるともいえる。

ビデオ会議システムを用いたコミュニケーションの冒頭には、「みなさん聞こえていますか」などといって反応を求めるやりとりが示されることも多い。そのやりとりは、本当にインターネットの通信状況を確認したいわけではなく（もちろんそういう場合もあるだろうが）、相手がそこに「いる」ことを実感するために、また、そこにいる人たちにコミュニケーションへの積極的な参加を呼びかけるために、必要な「手続き」となる。「顔が見えないこと」に対する「配慮」を示しつつ、「みなさん聞こえていますか」と呼びかけずにはいられない。その不安定な状況からみえてくるのは、いかにコミュニケーションが「些細なやりとり」に埋め尽くされた複雑なプロセスであるのかということかもしれない。

小括

ここで再度、冒頭に触れたコントの話に視点を戻そう。ジャルジャルによるコント動画「リモート面接でたぶん寝転んでる奴」が、リモート・コミュニケーションにおける「見ること／見られること」の問題を照射するものであることはすでに述べたとおりであるが、ここであらためて確認しておきたいのは、（コント内では後景化された）「カメラの眼」の存在がもたらすコミュニケーションへの影響である。このコントは三三分二二秒という長尺だが、そのほとんどは「寝転んでいる／いない」という面接官と面接者の攻防に費やされている。嫌疑の末に面接は一度打ち切られるが、面接者の謝罪によって再度面接のチャンスが設けられる。しかしそれも束の間、面接者はまた寝ころんだままカメラの前に現れる（このやりとりが二度繰り返される）。寝転んだまま面接に臨み、しかもそれを隠しとおそうとする面接者の奇妙な行動は、コントの設定としてはきわめて秀逸であるが、果たして実際のコミュニケーションでそのようなことが可能だろうか。コントはフィクションの領域に位置しているのだから、「実際に可能か」と問うことはコントを見るには不適切であるだろう。それを承知したうえで、ここでそのように問うのは、コントを批評するためではなく、コントから現実社会を考えるヒントを得るためである。実際のところ、このコントのような状況がリモート・コミュニケーションにおいて実践される可能性は低いだろう。ただし、そう仮定するのは「これがあまりに逸脱的な行為であるから」ということではなく、ビデオ会議システムがはらむカメラの眼の機能[5]、すなわち即時的な記録による監視の側面が、人びとの振舞いを制約する力をもつのではないかという見立てによる。

まず、ビデオ会議システムがカメラの起動をともなうものである限り、そこに映される顔はいつでも記録の対象となるのであり、それは自然と「逸脱的行為に対する抑止」という方向性をともなう。つまり、自分が逐一記録されるような環境で、たいていの人はコントの面接者と同じような振舞いを（たとえ目論んでも）実行することはないだろう。一つの見方として、Zuboff（2019）が指摘するように、監視資本主義的なデジタル監視があたりまえの社会では監視の問題性に意識を向けにくくなると考えることもできるが、ビデオ会議システムのようにカメラの存在が大きな意味をもつ環境では「カメラに映された（記録対象としての）自分」に意識を向けずにいることは容易ではないはずだ。

それに加えて、ここでカメラによる監視が抑制するのは、おそらく面接者の振舞いだけではない。もう一つのより重要な側面として、面接官の振舞いに目を向けてみたい。既述のように、このコント内で面接官は面接者の奇妙な行動に振り回されつつも、面接者に幾度かのチャンスを与える。合理的に考えれば、このような面接には早々に見切りをつけてもよいはずであるから、面接官の態度は「お人好し」という言葉で片づけることもできようが、そもそも私たちのコミュニケーションは予測不可能なことに満ちているし、それに対してしばしば私たちは合理的でない行動をとることもある。面接官の行動（謝罪を受け入れ、次の機会を与える態度）は、「もしかしたら相手に裏切られるかもしれない」という余地をも含んだうえで、それでも関係を閉ざさずにいる、という選択である。だが、もしこれが現実であれば、面接官の困惑や

（5）それはビデオ会議システムに接続しているデバイスのカメラだけでなく、自分には見えないところで誰かが起動したカメラがやりとりを記録している可能性をも含む。

葛藤や譲歩は、すべてカメラの眼が肩代わりし、不可解な行動の電子的記録が即座に「不採用」という判断を導き出すだろう。これを合理性の獲得として積極的に捉える向きもありそうだが、それは同時に、面接官にも自らの（ある種の不合理的な）行動を慎むように強いる力となるかもしれない。カメラによる記録は情報に対する監視という側面だけではない、「コミュニケーションの余白」（わけのわからないことに右往左往したり、ときには寄り添ったりすること）に対する寛容さの制約という意味では、人の振舞いや相互行為という側面でも何らかの影響をもたらすように思う。

本章では、ビデオ会議システムを事例に、リモート・コミュニケーションにおける対面性の問題を検討してきた。それはリモート・コミュニケーションの良し悪しをはかるためではなく、従来のコミュニケーションとの同異点に着眼することで、そもそもコミュニケーションとは何かということを考えるためであった。コントの画面を見つめる視聴者の視点とは、そこに映される人物たちのやりとりを俯瞰的に眺め、外側からそのコミュニケーションを語る視点であるといえるが、じつはビデオ会議システムに参加する者の視点はそれと同型性をもっている。ビデオ会議システムのようなリモート・コミュニケーションの様式は、つねにそこでのコミュニケーションを可視的に実測しながら一瞬一瞬のコミュニケーションを実践させるという意味で、コミュニケーションに対する意識に変化を与えたことはたしかだろう。

（塙幸枝）

○引用・参考文献

ヴァーガス、マジョリー・フィンク（1987）『非言語コミュニケーション』石丸正訳、新潮社
内田樹（2004）『死と身体――コミュニケーションの磁場』医学書院

宇野常寛（2020）『遅いインターネット』幻冬舎

岡本健（2016）「メディアの発達と新たなメディア・コンテンツ論」岡本健＋遠藤英樹編『メディア・コンテンツ論』ナカニシヤ出版、3-20頁

柏木治（2008）「終章　現代の人相学」浜本隆志＋柏木治＋森貴史編著『ヨーロッパ人相学――顔が語る西洋文化史』白水社、285-299頁

ギデンズ、アンソニー（2001）『社会学（改訂第三版）』松尾精文＋西岡八郎＋藤井達也＋小幡正敏＋叶堂隆三＋立花隆介＋松川昭子＋内田健訳、而立書房

ゴッフマン、アーヴィング（2017）『集まりの構造――新しい日常行動論を求めて』丸木恵祐＋本名信行訳、誠信書房

鈴木謙介（2013）『ウェブ社会のゆくえ――〈多孔化〉した現実のなかで』ＮＨＫ出版

西兼志（2016）『〈顔〉のメディア論――メディアの相貌』法政大学出版局

西村清和（1997）『視線の物語・写真の哲学』講談社

マクルーハン、マーシャル（1986）『グーテンベルクの銀河系――活字人間の形成』森常治訳、みすず書房

ユール、イェスパー（2016）『ハーフリアル――虚実のあいだのビデオゲーム』松永伸司訳、ニューゲームズオーダー

米澤泉（2021）「脱げない顔から着替える顔へ――「私遊び」の変遷」米澤泉＋馬場伸彦『奥行きをなくした顔の時代――イメージ化する身体、コスメ・自撮り・ＳＮＳ』晃洋書房、1-40頁

鷲田清一（1998）『顔の現象学』講談社

和田伸一郎（2021）「人工知能は「見る」ことができるのか――ＡＩにできる／できないことと、人間にしかできないこととは何か」高馬京子＋松本健太郎編『〈みる／みられる〉のメディア論――理論・技術・表象・社会から考える視覚関係』ナカニシヤ出版、55-80頁

Milne, E.（2004）"Magic Bits of 'Paste-Board': Texting in The Nineteenth Century," *A Journal of Media and Culture*, 7(1).

Shanon, C. E., & Weaver, W.（1949）*The mathematical theory of communication*, Urbana, IL: The

University of Illinois Press.
Zuboff, S.（2019）*The age of surveillance capitalism: The fight for a human future at the new frontier of power*, London: Profile Books.

第3章 アイドルコンテンツ視聴をめぐるスコピック・レジーム

——マルチアングル機能とVR機能が見せるもの

テレビやDVDの映像を見ているとき、カメラの動きにもどかしさを感じたことはないだろうか。たとえば気になる人物をカメラが追ってくれなかったり、注意を向けていた対象物が突如フレームの外側に追いやられてしまったりするような場合である。そのような違和感やもどかしさは、映像を見るという行為において通常は後景化されているカメラフレームの存在を意識の俎上に載せ、それを自分の意のままに操作してみたいという欲望を抱かせる。

こうした感覚は、映像の無難な読みに逆らった「マニアックな見方」をしようとする場合ほど、強く意識されることになる。たとえば熱烈なファンによるアイドルコンテンツの視聴などは、その好例といえるだろう。「(カメラに抜かれていないときも)つねに自分の〈推し〉[1]だけを見ていたい」とか、「(カメラに映っていない)背中のショットを見てみたい」とかいった要求は、支配的な映像視点[2]とはかけ離れたものであるがゆえに、なかなか実現されることはない。しかし昨今、こうしたマニアックな見方を適えるかのような視聴機能が流通しつつある——その一つが「マルチアングル機能」である。

マルチアングルとは「複数のカメラでアングルを変えて同時に撮影した各映像を一つのタイトルの中に収録し、これらアングルの異なる各映像をユーザーの好みにより切り替えて視聴できるようにした機能[3]」を指し、一般的には野球中継などのスポーツ視聴に用いられてきた。そ

(1) アイドル文化において〈推し〉と〈担当〉という語はどちらも「自分が応援するメンバー」という意味を持つが、両者は微妙なニュアンスの差を含む。どちらの語を使用するかはジャンルによっても異なるが、(たとえば「同担拒否」という表現が示すように)〈担当〉は〈推し〉に比べてファンのアイデンティティと強固に結びつく語と認識されることもある。本章ではファンの存在を幅広く見積もるために〈推し〉という語を用いる。

(2) 「多くの場合、眼は映像の表面上をあてもなく漠然と彷徨っているわけではなく、シークエンスの特定の場所へと導かれていくのだ。監督は人間の眼のこの習性を利用して、支配的映像(dominant contrast)を使って見る人の視線を誘導していくことに成功するのである。支配的映像とは、著しく目立ち注目せざるを得ないような他の部分との差異を強調され、思わずそこに視線を向けてしまうような映像領域のことである」(ジアネッティ、2003: 68-71)。

れが近年では、とりわけアイドルのライブＤＶＤなどのコンテンツで重宝されるようになっている[4]。

たしかにマルチアングルは、その名のとおり、視聴者のマルチ（多様）な読みを可能にするものであるかのように思われるし、視聴者にとっても概ね好意的に受け入れられている。おそらくそれは、支配的な映像視点にとらわれない「ファン目線」をマルチアングル視聴が代理する、という幻想を抱かせてくれるからであろう。

この「ファン目線の代理」とは、肉眼で見る視覚世界の忠実な代理や復元ということを意味するのではない。というのも、視覚テクノロジーは肉眼で見る以上の何か、ファンの欲望に適った視覚世界を構成するということまでを包摂するからである。しかもそこで獲得される視覚の様式は、従来的な映像視聴や映像文法のあり方をゆるやかに更新する可能性すらはらんでいる。そのような視覚の変容は、アイドルコンテンツの視聴行為をめぐるスコピック・レジーム——視の制度——の問題として捉えることもできる。

マーティン・ジェイは近代における「視の制度（スコピック・レジーム）」を論じるなかで、遠近法が及ぼした視覚の変容について以下のように指摘している。

> ここで注目すべきは、遠近法において想定されている眼は単眼であって、日常的な両眼視覚の場合とは違うということである。あくまでも一つの眼が一つの覗き穴を通して、前方の情景を見ると考えられていたのである。しかも、この単眼は動かず、まばたかず、位置が固定されたものと想定されていた。したがって、後の科学者が言うところの、一つの焦点から別の焦点へと跳躍する眼の「断続性運動」などは、そこになかったのである。

（3）日本ビデオ協会ビデオ用語集「マルチアングル」〈http://www.jva-net.or.jp/glossary/data.php?langKey=%E3%81%BE&kind=461（最終閲覧日：2019.8.8）〉

（4）マルチアングル機能の導入はさまざまなジャンルに及び、コンサートやフェス、舞台演劇と多岐にわたるが、その多くに「ライブイベント（時間・場所の一回性と共有）の映像化（疑似的な体験）」という共通点がみられる。

ノーマン・ブライソンの言葉を借りれば、その単眼は〈一瞥(グランス)〉の論理にではなく、〈凝視(ゲイズ)〉の論理にしたがっていた。単眼によって切り取られたワンショットは時間を超越し、一つの「視点」に還元され、脱身体化されたのである。(ジェイ 2007 : 27)

新たな技術の登場による視覚の様式の変容は、マルチアングル機能にも通底する。マルチアングル機能がもたらす「マルチ」な視覚とは、肉眼におけるそれとはかけ離れたものであるし、そもそも映像を見るという行為はつねに視線の制御や誘導をともなう。それにもかかわらず、人びとがマルチアングル機能に一定の価値を見出そうとするのはなぜなのか。本章ではこのような問題意識を出発点としながら、マルチアングル機能が見せるもの（見せないもの）を検討していく。さらにそのうえで、近年台頭しつつあるＶＲ機能のような視覚テクノロジーにも言及しながら、映像を見るという行為における視線の変容を探る。

第1節　視聴のパーソナライズ

一般的に、映像コンテンツにおけるマルチアングル機能は、視聴のパーソナライズを可能にするといわれてきた（木全ほか 2012）。たとえばテレビ視聴や映画鑑賞においては、通常どの視聴者も、すでに編集されパッケージ化された同一のコンテンツを受容するしかない。だからこそ、ベルナール・スティグレールが語るように、それらの映像メディアは「見る」ことをつうじて人びとをシンクロさせ、集団化を促す装置として機能するのである[5]。他方でマルチアングル機能の場合には、アングル選択というシステムによって、視聴者個人の趣向に合わせた個

（5）「文化産業、特にテレビは、並はずれた規模で人々をシンクロさせる機械なのです。人々が同じ出来事を同時にテレビで生放送で見るとき何が起こるかというと、何千万ひいては何億人という単位での世界中の意識が、同じ時間的なものを同時に自分のものとし、それを取り入れ、体験することになるのです」（スティグレール 2006 : 61）。

（6）二〇一六年一月に発売され

別的な視聴が可能になる、すなわち視聴のパーソナライズが（たとえ僅かにではあるにせよ）指向されるということになろう。その意味で一見すれば、マルチアングル機能は集団性よりもむしろ個別性と強く結びつくように思われる。

ここで一つの事例をみてみよう。ジャニーズのアイドルグループKis-My-Ft2のライブBlu-ray『2015 CONCERT TOUR KIS-MY-WORLD』[6]には、特典として「マルチアングルＬＩＶＥ映像」が収められている。当該コンテンツが一風変わっているのは、「自分だけのオリジナル編集でＬＩＶＥ映像を楽しめる」という触れ込みのとおり、映像編集を疑似体験させるつくりにある。視聴者はまず「マルチアングルＬＩＶＥ映像」に収録された全九曲のなかから任意の一曲を選択する。次画面に移ると、曲の構成要素となる「イントロ」「Ａメロ」「サビ」といったパートが提示され、視聴者はパートごとにカメラアングルを選択する（図3-1）。カメラアングルは基本的に七パターン用意されており、曲のパートとアングルの組合わせ次第で、数多の映像構成が可能になる。

一見すれば、当該コンテンツのマルチアングル機能は、選択の複数性と視聴の個別性を実現するようにもみえる。しかし実際のところ、そこで想定されている「マルチさ」はきわめて限定的である。というのも多くの場合、アイドルコンテンツにおけるマルチアングルとはメンバーの「ソロアングル」を意味しており、そこで用意された視点はつねに特定の被写体に貼り付けられた視点（特定のメンバーを追視する視点）となるからである。[7]そもそもマルチアングル機能では「アングル切り替え」以外の操作選択は与えられておらず、アングル画面を一度選択した後は、視点（フレーム）を動かすことも、被写体を拡大・縮小することもできない。その意味で、マルチアングル

た。ＤＶＤとBlu-ray全三形態のうち、マルチアングル機能はBlu-ray盤のみに搭載されている。

（7）左図でいえば、アングルセレクト画面の「ＫＩ」「Ｓ」などはメンバーの頭文字を表わしており、選択肢の数は「メンバーの総数」になる。

図3-1　マルチアングルの操作画面（Kis-My-Ft2『2015 CONCERT TOUR KIS-MY-WORLD』より）

映像はメインアングル映像（支配的な映像）における視線の制約を解くものではなく、むしろメインアングルとは別の支配的な映像視点を提示するものであるといえる。

しかし、ファンはこうした限定性に不自由さを感じるのではなく、むしろそこに積極的な意味を見出しうる。それは、マルチアングル機能によって提供される〈推し〉と結びついた固定的な視線が、「〈推し〉を見る私」としての自らを再認する契機になるからである。アイドルとファンの関係性（コミュニケーション）は、「見る」という視覚的行為への依存度がきわめて高い。ファン活動においては、「見る」こと（自分が誰を見ているのかということ）こそが[8]、アイドルとファンを繋ぐ回路となるからである。しかもアイドルをめぐるまなざしは、アイドルを「見る」という方向性だけではなく、自分が誰のファンなのかを「見せる」（グッズを保持したりやメンバーカラーを身につけることで、周りから見えるようにする）というベクトルを孕むこともある。マルチアングル機能における視線の限定性は、ファン活動全般のなかで実践される「限定的な選択肢のなかの個別性を重視する」というファンの態度の一環として位置づけることもできる。

(8) たとえファンであることの根拠をアイドルの内面や楽曲に見出そうとする場合でさえ、可視性は重要な要素となっている。

第2節　フレームの外部と真正性

マルチアングル機能が、（たとえ限定的な「マルチさ」であるにせよ）視聴のパーソナライズを指向することは、すでに確認したとおりである。しかし多くの場合に、それがライブ映像コンテンツに導入されている点に関しては一考の余地がある。というのも、ライブというイベントが「現場の一回性の共有」を指向するものだとすれば、その映像化に際してはライブビューイングのような集団性を指向する視聴方法をもちいるほうが妥当であり、視聴の個別性を指向するマルチアングル機能はむしろそれとは正反対の性質をもつように思われるからである。この点については、マルチアングル視聴のもう一つの重要な側面――個別的な複数の視点の集積が、フレームの外部をめぐる想像を喚起し、ひいてはライブというイベントの一回性やアイドルという存在の真正性の証左になりうるという点で、ある種の集団性や全体性を指向する、という側面――に着目する必要がある。

私たちは映画やドラマなどの映像を見るとき、四角く切り取られた画面に映る光景から、フレームの外部に広がる（画面には映らない）時空間を想像しつつ、映像世界を補完的に捉えていく。映像を見るという行為において、画面外とは「映像表現のフレームのなかには実際には存在していないが、その外側にあって、可能的・潜在的に存在しているもの」（宇波 1996：55）であり、それによって、私たちは映像を奥行や広がりのあるものと理解できるわけである。これをふまえれば、マルチアングル映像とは同一場面に対して複数の「別の視点」を提示することで、メインアングル映像に映らない「画面外」の余白を埋め、ライブの現場性を（限定的ではあれ）多角的にシミュレートしようとするものである、と捉えることができる。

先の事例でいえば、「自分だけのオリジナル編集でＬＩＶＥ映像を楽しめる」という仕組みも、視聴のパーソナライズだけを指向するわけではない。そこでの視聴者はファンとしての視点と同時に、編集者としての疑似的な視点をも保持する。それはつまり、「選択」という行為の前提として、俯瞰的に複数の「選択肢」を獲得するからである。しかも、「編集」は映像の断片を脈絡なくつなぎ合わせるだけでは成立しない。視聴者はメインアングル映像を一度見ているからこそ、マルチアングル映像を楽しむことができるのであって、何の予備知識もなく個々のマルチアングル映像を意味づけたり、それらをつなぎ合わせたりすることは困難である。多くのアイドルファンが自分の〈推し〉だけでなく、グループ全体の事情やグループ間の関係やアイドル産業の仕組みに精通しているように、マニアックな見方を適えるためには、それを「全体」や「主流なもの」からの偏差として捉える必要がある。あるいは見方によっては、メインアングル映像のほうをマルチアングル映像の補完的要素と捉えることもできるが、いずれにせよ、マルチアングル映像とメインアングル映像は相補的な関係にあり、ファンたちはそれらを往還しながら現場の全体像を浮かび上がらせることになる。

フレームの外部への指向性は、同時に、ライブという出来事やアイドルという存在の「真正性」を担保する役割も担っている。つまり、マルチアングルによって複数化された視点が「それはその時、その場所で、たしかに起こっていた」という事実を立証するためのパーツとして機能するわけである[9]。その意味で、ファンが求めているのはおそらく「完璧な」映像だけではない。本来であればカットされてしまうようなハプニング——〈推し〉が歌詞を忘れたり、振りを間違えたりする姿——こそが貴重な瞬間になりえるのは、ファンたちにとってそうした細部や断片の収集が真正性を想像的に補強するための有用な手がかりになるからである。

第3節　テクノロジーによる視線の変容

マルチアングル視聴がフレームの外部を補完できるかのような幻想をもたらすことは、皮肉にも、映像を見るという行為が一定のフレームを随伴することを思い出させてくれる。一見すると、マルチアングル機能は、映像を見るという行為の不自由さを解消するようにみえる。し

(9) 付言しておけば、マルチアングル視聴におけるこのような側面は、現代のアイドル文化をめぐるさまざまな事象に通底する問題と考えるべきである。とりわけSNSに散見される個々の情報が実況中継のような役割を果たしていることは注目に値する。たとえ現場に行かなくとも、不特定多数のツイートがグッズの待機列や会場運営の混乱具合を知らせてくれるし、〈推し〉の言動やファンの反応を逐一報告してくれる。

かし、視聴者はそれが肉眼をとおして見る視界と大きく異なることを意識せずにはいられない。それを示唆するように、複数のアングルからの映像が並置された「アングル選択画面」では、個々のフレームの境界線がより一層はっきりと可視化される。

マルチアングル機能を操作したことがなくとも、下図（図3-2）のようなアングル選択画面には既視感を覚える人が多いのではないか。というのも、それは監視カメラのモニターにおける分割画面を思わせるからである。両者の間には画面の形式的な類似性のみならず、モニタリングという監視的視線のあり方においてもその類似性を認めることができる。ここで、監視（surveillance）に「見張り」と「見守り」の両義性を見出そうとする議論（阿部 2014；ライアン 2011）を参照してみることもできよう。阿部潔が指摘するように「疑念や悪意だけでなく配慮と慈愛をもって相手と関わることも、監視の一側面なのだ」（阿部 2014：11）とすれば、防犯システムであれアイドルコンテンツであれ、マルチアングル機能における継続的で多角的な注視には共通の側面を見出すことができるはずである。

監視モニターの分割画面を模したレアンドロ・エルリッヒによるアート作品『部屋（監視I）』[10]（図3-3）では、現代社会における監視と視線のあり方が批判的に示唆されるが、それはマルチアングル機能が視点の複数化によって現実性・真正性を保証しようとする発想とも通底する。この作品で、並置されたモニター画面を隔てる格子状のフレームが不自然に際立っていることは、「何を見るのか」という点と同様に、「どのように見るのか」という点を私たちに意識させる。それは見方によっては、私たちの視覚的欲望を反映しているようにもみえる。

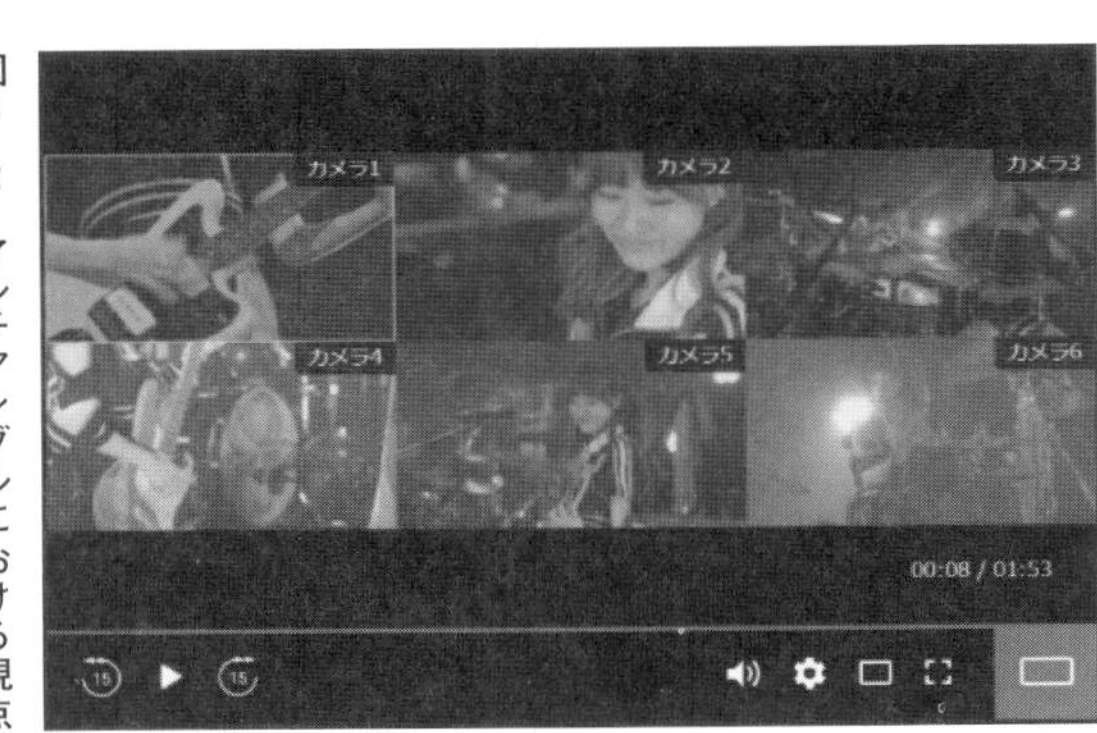

図3-2　マルチアングルにおける視点の複数化（マルチアングルライブ SILENT SIREN「フジヤマディスコ」より）

監視カメラの画面、あるいは、マルチアングルの画面をつうじて成立する視線とは、どのようなものなのだろうか。椿玲子はエルリッヒの作品に言及しながら、「監視カメラの映像はネットをつうじて集約され、〔中略〕パノプティコン（一望監視施設）の延長として到来する監視社会は、すでに現実化した」（椿 2017：83）と主張している。しかし、マルチアングル的な視点の複数化によって現前する光景は、じつのところ「一望監視」とは真逆の視座によって成立する。というのも、マルチアングルが提示するのは、一点から周囲を見渡す視点ではなく、被写体となる一点をその周囲に配置された複数の目から見つめる視点だからである。これに対して、むしろVR（virtual reality）のような新たな技術のほうが、複数化された視点の「集約」を介さない、より一望的な視界を可能にしていくようにも思われる。そのように考えてみた場合、そうしたテクノロジーのもとで、アイドル文化をめぐる視聴行為はさらなる変化のなかに置かれるだろう。

昨今、VRはすでにさまざまな領域で活用されている。ヘッドマウント・ディスプレイを装着することで、目前に立ち現われるVR空間に没入したかのような感覚が味わえる機能は、ライブコンテンツにおいても注目を集めている。たとえば、二〇一八年に発表された遠隔ライブVR配信プラットフォーム「LiVRation」では、VRゴーグルを装着したユーザーが三六〇度マルチポジション技術によってライブ会場の臨場感を体験できる、とされている[11]。

それが既述のマルチアングル機能と決定的に異なるのは、マルチアングルが（視聴者自身の視点とはかけ離れた）複数の視点を集約することで一つの環境や世界像を浮かび上がらせよう

図3-3　監視における視点の複数化（レアンドロ・エルリッヒ『部屋（監視I）』2006/2017）

（10）同一空間の多角的な監視映像が二五台のモニターに映し出された作品。各モニターに映る机と椅子が置かれた部屋には何の変化も起こらない。

（11）アルファコード「ライブを超えた体験を可能にする遠隔ライブVR配信プラットフォーム「LiV

とするものであったのに対して、VRでは視聴者の身体を基点としたパノラマ的な視野を獲得することが可能になる、という点である。つまり、デバイスのフレームが消失することで、画面の内外の境界が取り払われた視界のなかで映像を「シームレス」に見わたせるわけである。

しかし現行のライブをVR対応にした映像を視聴してみると、視界をシームレスに見わたせる解放感がある一方で、一定の違和感を拭い去ることができない。VRライブではたしかにアイドルが目前にいるように感じられるのに、アイドルの視線はまるで観客の存在を無視するように奇妙に宙を浮遊している。後ろを振り返ればライブに熱狂する他の観客を目にすることもできるが、周囲を見わたすほど、自分だけがライブ空間の連動的な雰囲気から孤立しているようにも感じられる。

このような状況は、〈誰にも見られることなく〉見るという行為そのものにますます私たちを没頭させる。他方で、そこでの見る者と見られる者の関係は従来のライブと微妙に異なる。その一因は、劇場やライブ会場の構造がVRの視界とは異なる文法によって設計されているからであろう。

> 〔俳優は〕自分が中心にいること、観客の視線を釘付けにし、自分が焦点になる快感を追求している。例えプロセニアム(12)によって領域が隔てられていようとも、観客に包まれている劇場デザインの必要性を出演者のサイトラインは主張している。（本杉 2015：182〔 〕は引用者による補足）

見られる対象の中心性とそれを見る視線の周縁性——それを最大限に実現するのは円形

Ration」を開発」〈https://www.alphacode.co.jp/news-events/20180514201632.html〉（最終閲覧日：2019.8.8）

図3-4　VRライブ技術（「LiVRation」概要説明動画より）

劇場であるが、通常の劇場にも同様の指向は認められる。しかしVR視聴においては、見られる対象は一極的な中心性をもたない。それどころかVRによってパノラマ的に周囲を見わたしていると、むしろ自らの身体が会場空間の中心点になったようにも感じられる。このような状況は、新たなテクノロジーの登場によって私たちの視線のあり方が変容すると同時に、支配的な映像の何たるかや、映像をめぐるさまざまな文法が組み変わっていく可能性を示している。

(12) 観客席から見て、舞台を縁取る額縁状の部分。プロセニアムをもつ額縁舞台では観客席と舞台が明確に隔てられるため、舞台空間が固定的なものになる。

シームレスな視界の行方──小括

視覚をめぐるテクノロジーの発展は、従来の画面構成とは別の「シームレス」な世界を提示する。このシームレスな視界は（マルチアングル機能以上に）フレームに制御された映像視聴におけるもどかしさや制約を解消したいという視聴者の欲望に応えうる。しかし、そもそも人間のモノを見るという行為自体がさまざまな制御のうえに成り立っていることを想起すれば、VRというテクノロジーはそれを取り払うというよりも、視覚的な限界に別の提案を与えるものだと考える方が適切である。

見る行為をめぐる「シームレスであること」への欲望は、見る側の視野だけにかかわる問題ではない。見る対象を操作することによっても、ある種のシームレスな状況が可能になるということである。たとえば、昨今、にわかに注目を集めているARアイドル[13]はその最たる例であろう。ARユニット「ARP（AR performers）」のプロデューサーは、ARアイドルが「二次元なのに会える」という価値を保有することに加え、リアルタイムな双方向コミュニケーションを可能にすると述べている。

(13) AR（Augmented Reality）技術によって作られたデジタルキャラクターのアイドル。

> ある意味で「ＡＲＰは究極のアイドル」です。ダンスも歌も一流で、かつスキャンダルがないからファンを裏切ることもない。〔中略〕ＣＧもバーチャルですから、ＡＲキャラクターとの親和性は非常に高く、空を飛んだりすることも容易に可能です。他にも、全国で同時にライブを開催するという離れ業を実現できるのも「ＡＲ×キャラクターコンテンツ×ライブ」ならではの特徴と言えるでしょう。(14)

たしかに、ＡＲアイドルはファンの期待に忠実に応えうるという意味では「完璧な」パフォーマーたりえるだろう。しかし他方で、ファンは期待の範疇を超えた出来事によって、ライブの現実性やアイドルの真正性を形成していくという見方もできる。(15) ＡＲＰのライブパフォーマンスはバーチャルキャラクターと「動き」「声」「表情」を担当するそれぞれのキャストの存在の二重性をはらむが、この二重性はファンにとって不都合な事柄ではなく、その二重性も含めてインタラクティヴなコミュニケーションを構築しているようでもある。

シームレスな視界にちょっとしたノイズが現われるとき、かえってそれは、自分が見ているものや見るという行為に意識を向ける契機になる。ＶＲライブですら、画像のざらつきや不自然な視界のゆがみに、あるいは、凝視することはできても決して視線を返すことのないアイドルの振舞いに気づくとき、視覚コンテンツやテクノロジーが見せるもの／見せないもの、見るという行為の外部に潜在する何かを意識するメタ的な視点が立ち現われてくる。そもそも私たちのコミュニケーションはノイズや躓きに満ち溢れているという点でシームレスなものではない。アイドルを見るという行為もまた、見ることへのあくなき追求と満たされることのない視

(14) 電通テック公式メディアＢＥＡ「会えるＡＲキャラクターにみる、次世代ＡＲコンテンツの可能性――ヒットメーカー・内田明理が生んだ、会える２次元グループ「ＡＲＰ」」〈https://bae.dentsutec.co.jp/articles/arp/（最終閲覧日：2019.8.8）〉

(15) ただし、ここでの「期待の範疇を超えた出来事」とはマキャーネルのいう「演出された舞台裏」のように、たとえ範囲外を装った想定済みの出来事であってもかまわない。

覚的欲望との狭間で生じる、継ぎ目だらけの複層化された意識のうえに成り立つものであるといえるだろう[16]。

（塙幸枝）

（16）当然ながら、アイドルをめぐるファン文化において「見る」ことは「会う」ことと接続的に考察すべきであろう。またアイドルがファン同士のコミュニケーションの結節点になるという視点（たとえば、辻 2018）も重要である。紙幅の関係上、本章では言及することができなかったが、詳しい議論は別の機会に譲りたい。

○引用・参考文献

阿部潔（2014）『監視デフォルト社会――映画テクストで考える』青弓社

宇波彰（1996）『映像化する現代――映ことばと映像の記号論』ジャストシステム

加藤裕治（2016）「スターという映像文化」長谷正人編『映像文化の社会学』有斐閣、217-231頁

木全英明＋山口好江＋能登肇＋深澤勝彦＋小島明（2012）「インタラクティブな多視点映像視聴の提案」『映像情報メディア学会技術報告』36(30)：33-36

ジアネッティ、ルイス（2003）『映画技法のリテラシーⅠ　映像の法則』堤和子＋堤龍一郎＋増田珠子訳、フィルムアート社

ジェイ、マーティン（2007）「近代性における複数の「視の制度」」ハル・フォスター編『視覚論』榑沼範久訳、平凡社、21-47頁

スティグレール、ベルナール（2006）『象徴の貧困1　ハイパーインダストリアル時代』ガブリエル・メランベルジェほか訳、新評論

辻泉（2018）「「同担拒否」再考――アイドルとファンの関係、ファン・コミュニティ」『新社会学研究』3：34-49

椿玲子（2017）「部屋（監視Ⅰ）」近藤健一＋椿玲子編『レアンドロ・エルリッヒ展――見ることのリアル』森美術館、82-83頁

マキャーネル、ディーン（2012）『ザ・ツーリスト――高度近代社会の構造分析』安村克己ほか訳、学文社

本杉省三（2015）『劇場空間の源流』鹿島出版会

ライアン、デイヴィッド（2011）『監視スタディーズ――「見ること」と「見られること」の社会理

論』田島泰彦＋小笠原みどり訳、岩波書店

第4章　メディアと化す旅／コンテンツと化す観光
――COVID‐19がもたらした「バーチャル観光」の諸相

第1節　COVID‐19による「予期空間」の瓦解

中国で発生した新型コロナウイルス感染症（以下「COVID‐19」と略記）は、その後またたくまに世界各国へと波及し、感染者数と死者数が急増することになった。各国では渡航禁止や国境閉鎖、都市封鎖や自粛要請などの政策がとられる一方、日本では新型インフルエンザ等対策特別措置法にもとづき緊急事態宣言が発令され、外出の自粛や施設の休業などが要請された。そしてその事態は観光分野をも直撃することになり、JNTO（日本政府観光局）が二〇二〇年五月二〇日に発表したプレスリリース[1]――同年四月の訪日客数が前年同月比九九・九％減の二九〇〇人となり、マイナス幅が拡大して過去最大を更新したというもの――が象徴的に示唆するように、観光業は一時期ほぼ休眠状態に追い込まれることとなった。

個人的な体験に言及するならば、筆者はCOVID‐19による騒動が拡大するさなか、同年三月一〇日から一六日にかけて、ベトナムのダナンとホイアンを訪問した。そして準備段階を含めそのプロセスをつうじて直面したことは、まさに「予期空間」の瓦解というか、通常であれば問題なく成立するであろう観光における「予期」がまったく作動しない、という混乱を極めた状況であった。

（1）https://www.jnto.go.jp/jpn/news/press_releases/pdf/200520_monthly.pdf（最終閲覧日：2020.9.30）

もともと筆者は一月下旬から渡航の計画をたて、航空券のチケットやホテルの宿泊予約を済ませていた。しかしその後、搭乗予定だったマカオ航空の便（マカオ経由）の欠航が決まり、三月一日の時点でそれをいったんキャンセルしたうえで、別の旅行会社のサイトからベトナム航空（ダナンへの直行便）のチケットを予約しなおした。だが直後、その便もまた欠航が決まったことで、さらに別便のチケット（ホーチミン経由）をとりなおさざるをえなくなる（このあいだに各社のホームページを介した、あるいは、そこに記載されている電話番号を介した数々のやりとりが発生した）。三月一〇日にようやくベトナム入国へと漕ぎつけたが、その数日前から入国審査の過程において健康申告が義務化されることになり、筆者もその新設制度に関する情報収集のために、各種のホームページやTwitterへと頻繁にアクセスし、現状把握に努めることになった。むろん現地でも予想外といえる数々の出来事に見舞われたが、その後どうにか三月一五日の段階でベトナムからの出国を果たし日本への帰路につく。そしてそれからしばらくして同月二二日、ベトナム政府は外国人の入国停止を決定している。まさに際どいタイミングで帰国することができたわけである。

この個人的経験がその一例となるような、観光および移動をめぐる「予期しがたい」状況は、まさに各国で状況が悪化しつつあったCOVID-19と、それに対処するために採用された措置の所産であるといえるが、ともあれ思わぬ事態に直面して筆者の脳裏をかすめたのは、ジョン・アーリによる「予期空間」をめぐる言説である。アーリはその著書である『モビリティーズ――移動の社会学』のなかで、人びとの移動を可能にする「システム」（たとえばチケット発行、住所、安全装置、乗換駅、ウェブサイト、送金、パッケージツアー、バーコード、橋、タイムテーブル、監視など）に論及しながら、それは「旅ができる、メッセージが通じる、小包が到着するといった「予期空間」をもたらす。システムによって、当該の移動が予想可能かつ相対的にリスクのないかたちで反復されることが可能になる」と指摘している（アーリ 2015：25–26）。なお、彼によると「この反復システムの歴史は、実質的に、自然界を「支配」し、安全を確保し、管理し、リスクを減らしてきたプロセスの歴史である」とされる。

本章で後述するように、観光をめぐる「予期」を実現するための現代的なシステムには、スマートフォンやタブレット端末のようなポータブルデバイス、および、そのなかで駆動する各種アプリが大きな役割を担っている。とりわけ「じゃらん」「食べログ」「トリップアドバイザー」「Airbnb」などの便利な人気アプリは、旅におけるルートや目的地における雰囲気を事前に察知するうえで重要な手がかりを与えてくれる存在であり、アーリの概念でいえば「予期空間」を生成するものともいえる。むろんスマートフォン、およびそこで駆動する関連アプリへの依存は、なにも観光領域に限定される話ではなく、現代ではひろく認められる事象だといえる。

富田英典が言及するように、スマートフォンの特徴は「無料あるいは安価なアプリを手軽に利用できる点であった。そのジャンルはゲームからビジネスまで幅広い。携帯電話に比べて、スマートフォンはアプリを利用するためのデバイスという側面が強い」（富田 2016：10）。それでは、スマートフォンの内部で駆動するアプリとは、どのような対象として理解することができるだろうか。ジェレミー・W・モリスとサラ・マーレイは「アプリ」と呼ばれる対象について、それを「ソフトウェアのパッケージング、プレゼンテーション、配布、消費の一形態」であると規定し、さらに、それによって「今日、ソフトウェアは文字通り世界中の何百万人ものユーザーのポケットに入っている。〔中略〕今では、これまで以上に、ユーザーはモバイルデバイス上の高度にパッケージ化され、キュレーションされたソフトウェアに日常の活動の広大な範囲を委任している」と指摘している（Morris and Murray 2018）。

現代における私たちの日常生活、およびそれを構成する個々の行為は、多種多様なアプリと連携しながら進行している。意識しようとしまいと、そのようなメディア接触の形態は私たちの日常において常態化しており、もはや、それなしに生活を送ることは困難といえるほどまでに、不可欠なものとして経験されつつあるのが実情であろう。谷島貫太によると「電車のなかでスマホを開いている人びとのほとんどは〔中略〕自分が起こさなければならないアクションをたえず予期しつづける、という状態におかれている。ゲームであれば特定のコマンドの実行というかたちで、他者とのコミュニケーションであれば適切な返信というかたちで、ポータブル端末に接続された意識は、絶えざるアクションを引きだされつづけるのである」（谷島 2016：51-52）とも指摘されるが、ユーザーとデバイスとのインタラクションは、「予期」をつうじて自らが生きる情報世界をコントロールし、諸事の不確実性を低減させるための営為として把捉することもできよう。

観光に際しての私たちの行動は、移動する環境のなかの諸々の事物のみならず、デジタルメディアとしてのスマートフォンというモノや、その画面が表象するアプリというバーチャルなモノなど、さまざまな要素のあいだの関係性をめぐる動的なネットワークのなかで進展していくことになる。むろん現代では「電波とつながらない「圏外旅行[2]」が語られることもあるが、それはあくまでも些末な例外にすぎない。ポータブルデバイスを介したインターネットとの常時接続が一般化し、旅をめぐる人びとの想像の仕方、あるいはその欲望の仕方が従来と比して著しく変容した今、私たちは各種のアプリを駆使することで、旅をめぐる「予期空間」へとス

（2）https://tabippo.net/only-travel/（最終閲覧日：2020.9.30）

ムースにアクセスすることができる。本章では前に「じゃらん」「食べログ」「トリップアドバイザー」「Airbnb」をあげたが、私たちは四角いスマートフォンの画面のなかで、四角くデザインされたそれらのアプリをタップするだけで、多種多様な観光情報を容易に取得することができるのだ。

むろん既述の「「予期空間」の瓦解」ということでいえば、さまざまな要因によりそれを支えるシステムが機能不全に陥り、その帰結として「予期」がうまく機能しなくなる状況は大いに考えうる。たとえば「乗換案内」のようなアプリを例に考えた場合、乗車を検討していた列車が人身事故に巻き込まれてしまい、検索画面にその運行情報が表示されたとしても、実際にはその列車はストップしているということも実際には起こりうる。つまりここではデバイスに表示される情報と、それが指し示す現実との乖離が生じ、「予期」を、それを支えるシステムへと還元することが難しくなっているのだ。それは「「予期空間」の瓦解」とでも表現しうる事態であり、筆者がベトナムで直面したのはまさにそれであったといえる。COVID-19がもたらした情報世界/現実世界の乖離やそれに付随する混乱は多方面へと及んでおり、スマートフォンのアプリを含めて各種のメディアを介した「予期」が成り立たない状況がいたるところで散見されたように感じる。

ともあれベトナムから帰国したのち、日本では新型インフルエンザ等対策特別措置法にもとづき緊急事態宣言が発令され、外出の自粛や施設の休業などが要請された。そして「動かない生活」が半ば強いられる状況にあって、人びとのメディア接触の様態は大きく変化することになる。株式会社ビデオリサーチによる二〇二〇年五月の「「コロナ禍」における生活者意識調査」[3]によると、回答者のうち八五・六%が新型コロナウイルスにより生活が変化したと答えて

(3) https://www.videor.co.jp/files/pdf/200618release_acr.pdf（最終閲覧日：2020.9.30）

いる。そしてその内実を精査してみると、生活のなかで「テレビをリアルタイムで見る」「ネットで動画を見る時間（無料）」「ネットでブラウジングをする時間」「ビデオ・ブルーレイ・DVDを見る時間」「テレビゲームをする時間」などが増えていることがわかる。

たしかにCOVID-19がもたらしたといえるのは、人びとによる「メディア接触」もしくは「コンテンツ受容」をめぐる社会的文脈の変質だったといえる。当時これに関しては多種多様なニュースが報じられたが、それらのうちいくつか見出しを紹介しただけでも、たとえば「Netflix と Snapchat、新型コロナの〝巣ごもり需要〟で予測を上回る収入増ユーザー」[4]、あるいは「いま、世界は「あつまれ どうぶつの森」を求めている」[5]といった例が示唆するように、その変質を象徴するかのような話題がさまざまに出回っていた事実を確認することができる。

富田によると、「リアルな空間にバーチャルな情報が重畳されている状態、人びとが日常生活において常にネット上の情報を参照しているような状況、オンライン情報を常時参照しているオフラインをセカンドオフラインと呼ぶ」（富田 2016:2）と説明されるが、まさに私たちが生きているのは、有線／無線を問わずインターネットへの接続が常態化し、それによりオンラインとオフラインが重畳された「セカンドオフライン」的状況だといえる。さらにCOVID-19が惹起した新たな生活モードによって、人びとはリスクを回避するために自宅に退避しつつ、そこから「楽しみ」のためのコンテンツにアクセスすることになった（もともと旅も「楽しみ」をもたらすものであろうが、旅に行くことができない状況のなかで、人びとはそれとは異なるかたちでの「楽しみ」を求め、自宅からコンテンツへとアクセスした。そしてその一方で、コロナ禍においては旅そのものもコンテンツ化の対象となり、そのイメージが「バーチャル観光」として量産されることになったのである）。そのデジタル映像テクノロジーを介

（4）https://www.itmedia.co.jp/news/articles/2004/22/news053.html（最終閲覧日：2020.9.30）

（5）https://wired.jp/2020/04/22/rave-animal-crossing-new-horizons/（最終閲覧日：2020.9.30）

したメディア接触／コンテンツ消費がもたらしたものは、端的にいって「オンライン／オフライン比率」の変容とでもいうべきものである。人びとは自宅にいながらにして「リモートワーク」に従事し、また、インターネットをつうじて「バーチャル観光」のコンテンツを消費することになったのである。

本章では以上のような認識を基盤としつつ、（やや遠回りになるが）ＣＯＶＩＤ－19以前から進展してきた現代的なメディア環境の急速な変容を概観したうえで、いくつかの事例に依拠しながらバーチャル観光をとりあげる。後述するとおり、バーチャル観光のコンテンツは「体験の技術的合成」を指向する側面を有しているが、以下ではこれを分析の俎上に載せることで、観光をめぐる「メディア」と「コンテンツ」の今日的な関係性を整理してみたい。

第２節　現代の技術的環境におけるデジタルユニバースの膨張

考えてもみれば、移動する現代人の手許（もしくは、手のとどくポケットや鞄）には、ほとんどの場合、スマートフォンなどをはじめとするポータブルデバイスがある。つまり移動する主体にとっては、風景を連続的に視認すると同時に、前記の端末を同伴することにより、視認される風景に関連した情報を検索して導くためのデバイスが与えられているわけである。文字どおりに解するなら、「移動する媒体」であるモバイルメディア、すなわち携帯可能なポータブルデバイスとともに、「移動する人」が一緒に移動をしたり旅をしたりする風景が常態化しつつあるのだ。

もはや私たちの観光行動において手放すことのできないメディアとなったスマートフォン

は、各種アプリの使用を前提としたデバイスだといえる。第1章で詳述したとおり、それは「メディアのメディア」もしくは「メタ・メディア」として位置づけうる。すなわちスマートフォンはいわば入れ子構造的に、「アプリ」というかたちでシミュレートされたメディアを、「スマートフォン」というデジタルメディアが包摂する二重構造をなしている。なお、これに関連しては、ノルベルト・ボルツによる以下の言葉を引用しておくこともできるだろう。

> 新しいメディアが進化していく過程を観察すると、最初は常により古いメディアを模しながら発展し、次第に自己自身の技術的可能性のものさしで自己を計るようになる。そして最後には、新しいメディアが初期の依存状態を脱し、逆に他メディアとの関係を管理するようになり、**メディアのメディア**としてふるまうようになるのだ。そのため、あるメディアの内容は常に他のメディアである。（ボルツ 1999：118 傍点は引用者）

むろんボルツがこれを主張した時代においてスマートフォンは存在していなかったが、しかしそれは現代では、まさに他のメディアとの関係を管理するに至っている。すなわち彼が語る「メディアのメディア」としての性格は、近年において普及したスマートフォンにおいて顕著に認めることができるのだ。

スマートフォンに限らず、私たちは現在、さまざまなデジタルメディアに囲まれた生活を営んでいる。北野圭介が論及するように、「朝起きて床につくまで、私たちはなんらかのメディア・デバイスの至近距離内にあり、触り、眺め、耳を傾ける。いや、スマートフォンのアプリケーションは、いまや就寝中の身体にまで作用しようとするものさえ現れている。メディアは、いまやなかば飽和状態といってもいいほどに住まう世界を埋め尽くしている」(北野 2014：88-89)。常に身体とともにあるそれらのデジタルメディアは、もはや私たちにとっては身体の一部といっても過言ではなく、また、「身体の拡張」といいうる程度にまで透明化している。[6]

写真、電話、テレビ――これら従来から存在したメディウムが「デジタル化」されるとき、何がどう変化するのだろうか。第1章でブルース・シュナイアーの言説を援用しつつ述べたように、現代では既存のメディアのコンピュータ化が進行しつつあるわけだが、彼が論及するように「コンピュータは、ひっきりなしにデータを生み出している。データを出入力するだけでなく、あらゆる作業の副産物としてデータを生成するのだ。通常の動作の一環として、みずからがおこなうことをつねに記録している」(シュナイアー 2016：28)。しかも彼が指摘するように、コンピュータは私たちが想像するよりもはるかに大量のデータを、その活動にともなって産出するのである。しかもそこで排出されたものを、彼は「情報化時代の「排ガス」」とも呼んでいる。[7]

他方でシュナイアーは、こうも語る――「私たちが「排出」するデータは、すべて合わせると莫大な量になる。二〇一〇年の時点で、人類が一日に生み出すデータの量は、歴史の始まりから二〇〇三年までに生み出したデータの累計の総量を上回っていた。二〇一五年の一年間にインターネット上を行き交うデータの量は、七六エクサバイトを超すと見られている」(同書：37)。これ自体やや古い情報ではあるものの、「メディアのコンピュータ化」を惹起するデジタル革命によって、彼が言及する「データの累計の総量」、すなわちデジタルユニバースは急速に拡大の一途をたどりつつある。そしてそのような状況において、コンテンツの流通や受

(6) 土橋臣吾は「Windows 95を契機にインターネットの個人利用が本格化し、また、携帯買い切り制への移行によってケータイ市場が急拡大した時期」として一九九四～一九九五年を転換点として位置づけながら、それ以後に「デジタルメディアが日常生活レベルへ浸透」していったと指摘している(土橋 2013：13)。

(7) アレックス・ペントランドは『ソーシャル物理学――「良いアイデアはいかに広がるか」の新しい科学』のなかで、ここでの「排ガス」を「人々が通った後に残る「デジタルパンくず」」と表現しながら、そのようなパーソナルデータが「公共組織と私企業の双方にとって、非常に大きな価値を持っている」と指摘している(ペントランド 2015：211)。彼によると、それらのデータは「彼らが何者なのか、何を望んでいるのかを理解するヒントを与えてくれる」ものとされるが、他方で、きたるべきデータ駆動型社会のなかでは、個人の「データが乱用されないようにする必要がある」とも主張している(同書：同頁)。

容をめぐる状況も変容しつつあるといえるのだ。

第3節　データ化されるコンテンツとその循環

デジタル環境下において、「記号」もしくは「情報」、あるいはそれらの集積によって形成される「コンテンツ」は、いかにして物質の次元に関与しているのだろうか。河島茂生はこの点に関して次のように語る。

デジタル情報が膨張している状況下では、脱物質化が進み物質が軽んじられかねないように感じられる。たとえば、書物の制作の場面である。かつては職人によって手で活字が拾われ版が組まれた。〔中略〕しかし、一九八〇年代よりコンピュータで印刷までの前処理をおこなうようになって物質性は薄れたといえるだろう。また、コンピュータでは文字や画像、音声、動画などは機械的に「0．1」のパターンで同列に扱われているため、同じルールに基づきさえすれば別のコンピュータで処理可能である。そのコンピュータ端末でなければならない必然性はゼロに近い。インターネットはといえば、媒体の区分を崩し、媒体ごとの流通経路を半ば壊している。すなわち、映画は映画館で視聴され、音楽はCDで流通し、新聞は販売店を通じて頒布されるといった媒体ごとの縦割りの構造が変容して、映画であれ音楽であれ新聞記事であれ、インターネットを通じて流通するようになった。（河島 2014：17-18）

河島はまさにこの引用箇所でデジタル情報の「膨張」について触れつつ、デジタル環境下において進展する「脱物質化」の傾向について説明を加えている。たとえば映画のコンテンツであれば、それは従来なら映画館やレンタルビデオ店といった物理的な場所、あるいは、フィルムやVHSといった物質的なモノと不可分に結びついていたわけであるが、現代においてそれらはフィジカルな次元から遊離してデータ化され、インターネットを介して流通し、たとえばNetflixやHuluのようなサブスクリプション・サービスをつうじて受容される。そしてそこでは、いかにモノを持つかという「所有権」ではなく、いかにデータにアクセスするかという「アクセス権」が前景化されることになる。

観光をめぐる現代的なコンテンツを考えてみても、昨今それらはインターネット経由で、デジタルデータとして流通するものが大半を占めている。本章では冒頭で「じゃらん」「食べログ」「トリップアドバイザー」「Airbnb」に触れたが、それらのアプリで閲覧＝受容されるのは、ユーザーがインターネットを介して投稿した口コミ情報や写真データというコンテンツである。具体的に、このうちトリップアドバイザーでユーザーが投稿するデータを考えてみよう。旅行者は自らが訪れたレストランやホテル、あるいは観光地で、料理や内装、もしくは風景を写真に撮影する。それはポータブルデバイスやパソコンへ自動的に記録・保存されていくわけだが、ユーザーがそのなかから特定の写真を選んでトリップアドバイザーにアップロードすることにより、そのデータ群は他のユーザーが投稿したものと並置され、誰でも閲覧できる状態になり、多くの旅行者が目的地を選定する際の基準を、あるいは「集合知」を提供することになる。それはアーリ流にいえば「予期空間」をもたらすシステムとして位置づけうるだろうが、他方で、それは個々人の記憶に直結した記録情報の集合体ともいいうる。

誰かが旅先で撮影した写真データがモバイル端末に保存され、さらにサイト上にアップロードされ、しかる後に、それが多くの人びとにデータベースのなかで共有される。そして「予期」の主体であるユーザーは、投稿された口コミや写真に依拠して目的地＝訪問先を選定し、類似した行為（料理を食べる、観光地を訪れる、ホテルに泊まる……）を再生産していく。誰かの「記録」が他の誰かの「予期」につながる。そして、その予期が誘発する行為は、新たな「記録」をうみだす——そのような循環回路のなかで、トリップアドバイザーの内部でデジタルコンテンツとして流通する口コミ情報や写真データもまた、人びとの欲望や消費を誘導する素材として機能するのである。

ともあれ以上のように現在では、プロではなくアマチュアによるコンテンツがデジタル環境下で産出され、それがインターネットをつうじてひろく流通するための基盤が確立されている。つまるところ、あらゆる消費者が容易に情報の発信主体になりうるわけだが、濱野智史はインターネットを含むメディア環境の現代的な変容を勘案したうえで、二〇〇八年の時点で次のような議論を展開していた——「ここ数年は、特にブログやユーチューブのことを、「CGM」（Consumer Generated Media＝消費者生成メディア）や「UGC」（User Generated Contents＝ユーザー生成コンテンツ）などと総称することが多くなりました。要するに、新聞やテレビや映画やCDといった「プロフェッショナル」がつくるメディアやコンテンツではなく、これまでそれを消費し、使うだけの存在だった「一般利用者」（アマチュア）の側が、ネットを通じてコンテンツを発信していくようになった。——ざっとそのような事実認識を言葉にしたのが、CGMやUGCという呼び名です」（濱野 2015: 18-19）。

金暻和はこのようなコンテンツの形態について、それを「普通の人々も情報発信できる環境を作りあげたインターネットを背景に、いわば「参加型文化」の中核として注目を集めた概念である」と解説したうえで、二〇一〇年代に入ってからは、それとは異なる形態のコンテンツ、すなわち「UDC」が台頭することになったと指摘する。ここで彼女による文章を引用しておこう。

近年ではUDCという概念が浮上しつつある。UDCとは「ユーザー・ディストリビューティッド・コンテンツ」（User Distributed Contents）の略で、「利用者によって流布されるコンテンツ」を意味する。〔中略〕ソーシャルメディアでは、他のユーザーから注目や共感を得たコンテンツ、具体的にいえば、たくさんのリアクション（リツイートやシェア）を獲得したコンテンツが社会的にも影響力をもつ。言い換えれば、これは情報の生産・制作以上に、情報の拡散という文脈が重要になってきた。（金 2021 : 37）

彼女が指摘するように、ソーシャルメディアにおいては、たとえば「いいね」ボタンや「共有する」機能などによって、情報を速やかに拡散させる機能が実装されている。そして「膨大な人的ネットワークを確保している政治家や芸能人、インフルエンサーの場合は、マスコミを介さずにも即時に社会的話題を作りあげることができる」（同書 : 同頁）。

ちなみに社会的話題を創出するために必要なのは、人びとがコンテンツに対して差し向ける「注意」や「関心」、すなわちアテンションである。金はリチャード・ランハムによる「注意の経済学」（economics of attention）をめぐる議論を援用しながら、「インターネットで希少性があるのは、知識や情報ではなく、むしろ情報に注がれる人びとの関心」（同書 : 41）であると指摘している。先述のとおり、膨張をつづけるデジタルユニバースにおいて、もはや情報やデータそのものに希少性はない。そうではなく、情報やデータに注がれる人びとのアテンションこそが希少性をもち、それをより多く獲得するために、たとえばインフルエンサーや企業などは熾烈な獲得競争を繰りひろげているのである。そしてその限りにおいて「注意の経済学」は、コンテンツに注がれるまなざしの問題を考えるうえで重要な視点だといえるだろう。(8)

第4節 「体験の技術的合成」を指向するバーチャル観光

映画を考えても、それはもはや映画館やDVDなどの物理的次元・物質的次元と乖離したところでデータ化され、Netflix のようなサブスクリプション・サービスをつうじて受容される。コンテンツの形態としても、従来のUGCに対して、ソーシャルメディアのシェアやリツイートの機能によりUDCが存在感を増し、「注意の経済学」という視点からいえば、人びとの注意や関心を惹起するために設計される導線が変貌しつつある。つまり本章で前述したように、メディア環境が大きく変容し、デジタルユニバースが拡大の一途をたどりつつあるなか、コンテンツの流通や消費をめぐる状況も急速に変容を遂げつつあるのである。そしてそれに追い打ちをかけることになったのがCOVID‐19だともいえる。

既述のように、これがもたらした自粛ムードのなかで、「オンライン/オフライン比率」が大きく組み変わり、コンテンツの流通と消費をめぐる状況も一変したのである。そして移動ができない、あるいは旅行に行くことができない状況が継続するなかで、あたかもその代替物であるかのように提案されるようになったのが「バーチャル観光」のコンテンツだといえる。で

(8) ランハムの言葉を引用するならば、「私たちの現在の生活のなかで、純粋な状態で「注意の経済学」を構成している部分がある。それをサイバースペースと呼ぼうと、仮想性と呼ぼうと、あるいはコンピュータに媒介されたコミュニケーションと呼ぼうと、あるいはよりシンプルにネットと呼ぼうと、そこではアテンションがすべてである。〔中略〕あらゆる種類の企業が公的か私的かを問わず、この新しい経済学に没頭し、チェックを受けている」と指摘される(Lanham 2007 : 233)。

は旅をせずに旅を想像させるこれらの観光コンテンツを、私たちはどう理解しうるだろうか。

アンソニー・エリオットとアーリは『モバイル・ライブズ――「移動」が社会を変える』において「モビリティーズ・パラダイム」に論及し、そのなかで「「想像的な」旅」および「ヴァーチャルな旅」をとりあげている（エリオット＋アーリ 2016：21）が、以下に分析する「バーチャル観光」はそれらと関連づけて理解しうるだろう。以下ではまず、その具体的な事例として三つほど取りあげておこう。

まず一つ目は、二〇二〇年三月二七日付で近畿日本ツーリストのHPに掲載されたコンテンツ[9]である。そこには「【今だけ】旅行気分！ 360°バーチャル観光を楽しもう！」とのタイトルのもとで、ハワイ、カンボジア、ベトナムなどの有名観光地のパノラマ写真が数枚ずつ掲載されている。閲覧者がマウスなどで操作することにより、パノラマ写真のなかで方向を自在に変えながら風景を眺めることができる。非常に単純な仕掛けによるものではあるものの、特定の視点から風景を眺めるという行為を技術的にシミュレートする限りにおいて、これはたしかに「バーチャル観光」として位置づけることができるだろう。閲覧者は自宅にいながらにして、自分が行きたいと願望する観光地の視点からその風景を眺めうるのだ。

二つ目の事例としてとりあげるのは、『北海道新聞』電子版の五月二八日付の記事[10]である。そこには「函館旅行、おうちで体験　ゲストハウスが「オンライン宿泊」開始」とのタイトルのもとで、あるゲストハウスによる取り組みが紹介されている。それによると、オーナーがオンライン会議アプリ「Zoom」経由で函館の街を動画付きで生解説し、さらに別々の場所から

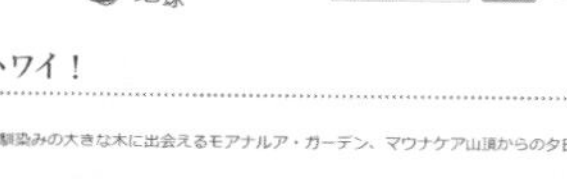

図4-1 「【今だけ】旅行気分！360°バーチャル観光を楽しもう！」

（9）https://www.knt.co.jp/tabiplanet/other/200319/（最終閲覧日：2020.9.30）

（10）https://www.hokkaido-np.co.jp/article/425053（最終閲覧日：2020.9.30）

アクセスする参加者が「ゲストハウスの醍醐味」である「旅人同士の語らい」を満喫したと解説されている。むろん「オンライン宿泊」といっても、ここでは実際に宿泊がなされているわけではない。参加者は自宅などからZoomへとアクセスし、ゲストハウスでの体験の断片を疑似的に共有するわけである。

三つ目の事例はフェロー諸島観光局が企画したリモートツーリズムである。現地では新型コロナウイルス感染症の影響を受けて島外からの訪問が禁止される状況にあったが、IDEAS FOR GOODの記事[11]の報告によると同島の観光局は「オンラインで世界中からこの諸島の魅力を体験できるツアーを始めた。参加者はツアーが始まる時間になると、カメラを頭につけた島民が、実際に移動することで、島内のさまざまな場所をリモートで観光することができる」とその取り組みが紹介されている。しかも「ツアーガイドは、歩いたり走ったりする以外にも、カヤック、乗馬、ハイキングなどのアクティビティに参加してくれる。また、ジャンプボタンを押すと実際にその場でジャンプしてくれるなど、あたかも現地を旅しているような気分を味わわせてくれる」という。これもインターネットを介してリモートで旅を疑似体験できるものとなっており、同記事では「遠くへの移動が制限されるなか、旅行に飢えている人にはたまらないコンテンツだ」と解説されている。

なお、ここで言及されるリモートでのアクティビティ参加は、見方によってはゲーム的だともいいうるだろう（ジャンプボタンを押すと実際にその場でジャンプしてくれる）。もちろん実際に観光地でジャンプをするという全身の運動と、ジャンプボタンを押すという指先の動作とのあいだには、本来的な対応関係は存在しないはずである。しかしここでは、それが多くのデジタルゲームのプレイで認められるのと同様のかたちで、恣意的に変換されているのであ

（11）https://ideasforgood.jp/2020/05/19/digital-tourism/（最終閲覧日：2020.9.30）

図4-2　フェロー諸島観光局が企画したリモートツーリズム

る。

ゲーム研究者のイェスパー・ユールは「簡易化」（simplification）と呼ばれる概念によって、ゲームのプレイヤーの行為と、それが喚起する主人公の行為との関係性を考察しようと試みている（Juul 2005）。たとえば対戦格闘ゲームである「鉄拳3」に登場するエディ・ゴルドというキャラクターの場合、彼の特技であるカポエイラは本来であれば無数の身体動作によって成り立っているはずだが、それをプレイヤーが操作する場合には、逆立ちをする／しないといった単純な選択肢を含むいくつかの要素のみが反映されるにすぎない。つまりゲームのプレイヤーがエディ・ゴルドの動作を制御しようと試みる際には、本来その格闘技をめぐる身体動作に随伴するはずの複雑性が捨象されて「簡易化」が施され、「プレイヤー」はコントローラの単純化された操作をつうじて、「主人公」の動作とのあいだに対応関係を見出しうるのだ。そして、このような「簡易化」のメカニズムを前提として、ゲームのプレイヤーは、指先の「手間を省く」限定的な動作によって、操作の対象となるプレイヤーキャラクターを制御するのである。これはフェロー諸島におけるリモートツーリズムの事例でも認められる図式といえよう。つまり「ゲームコンテンツの受容」と「バーチャル観光コンテンツの受容」とのあいだには、類似した構図を確認することができるのである。

以上のような形態でコンテンツ化された「バーチャル観光」に共通する要素を探るとしたら、それは何か。おそらく、旅における「体験の断片」を（なかば恣意的に）切り取って、それを技術的に再構成するかのような仕掛けに認められるといえるだろう。前記の三つの事例に含まれる「風景を眺める」「旅人同士で語らう」「アクティビティに参加する」という行為は、それぞれパノラマ写真、Zoom、インターネットなどの媒体をつうじて技術的に形成される。

（12）筆者はかつて「旅をめぐるイマジネーションの現在――トリップアドバイザーがシミュレートする「想像による旅」」（松本 2019）と題された論考のなかで、トリップアドバイザーに実装されむろん「体験の技術的合成」を指向するバーチャル観光のコンテンツは、そのモデルとなる実際の体験とは異なり、その体験の全体像を再構成しうるものではない。しかしそれでもバーチャル観光のコンテンツは、ある種の「見立て行為」をつうじて人びとにより難なく受容されうるのである。

　先述のように、COVID-19が「オンライン／オフライン比率」を組み替え、「バーチャル観光」の量産を促進させた側面はある。しかし注意を要する点があるとすれば、「体験の技術的合成」を指向するそれがCOVID-19以前から存在していたという点である。[12] 実際に現代では、「ある体験」がその本来のものとは別の技術的文脈のなかでシミュレートされ再構成される、ということがよくある。たとえばテニスをプレイするという体験が「Wii Sports」のなかで技術的に再構成される。映画をみたりDJをしたりする体験がスマートフォンの「djay2」アプリをつうじて再構成される。あるいは、映画『ジョーズ』における登場人物の恐怖体験がUSJの当該アトラクションをつうじて再構成される。これら「体験の技術的合成」といいうる構図は、現代のいたるところで散見される事象なのだ。そしてそれがコロナ禍において、たとえば「オンライン○○」「リモート○○」「バーチャル○○」といったかたちで技術的に再構成されることになったが、「バーチャル観光」もまたそのような文脈において捉えなおすことができるだろう。

　もうひとつ重要な点があるとすれば、それはバーチャル観光のコンテンツの視聴そのものが「目的」にはなりえない、という点である。既述の事例のどれをとっても、それらのコンテンツは人びとに見てもらうことが最終的な目的ではなく、それによって旅への想像や欲望を喚起するために作られているのだ。つまりランハムによる「注意の経済学」の視座に関連づけてい

た二つの機能、すなわち「トラベルタイムライン」と「三六〇度パノラマ写真」を分析の俎上に載せた。それによるとトリップアドバイザーに搭載されたこれらの機能は、それぞれ別のかたちで、単なる記号的な水準での「旅の表象」というよりは、むしろ旅をめぐる「体験のシミュレーション」を提供してくれるものといえる。私たちはこのうち前者、トラベルタイムラインによる経路のシミュレーションによって、過去における旅の体験をより詳細に思い返すことができる（いつ、どこで、どのような経路を通って、何か見たかなどなど）。また、このうち後者、「三六〇度パノラマ写真」による視覚体験のシミュレーションによって、未来における旅の体験をより詳細にイメージすることができる（どのホテルに泊まれば、どのような体験を得ることができるのかなどなど）。つまりここで、デジタル写真の画像データは、単なる被写体の代理物としての「記号＝表象」ではなく、それらのユーザーによる「体験のシミュレーション」を可能にするものとなるのだ。

うならば、それは人びとの注意や関心を惹きつけるための、アテンション・エコノミー時代における重要な「手段」として位置づけうるのだ。

メディアと化す旅／コンテンツと化す観光——小括

本章ではCOVID‐19以前から進展してきた現代的なメディア環境の急速な変容を概観したうえで、いくつかの事例に依拠してバーチャル観光をとりあげた。それらのコンテンツは、比較するならばこれまでさまざまに語られてきたコンテンツツーリズムなどと違い、観光およびそこから派生する体験そのものを合成しようとの企図が内在している。そしてそれらはCOVID‐19がもたらした自粛ムードのなかで、観光への欲望を喚起したり、観光地へのアテンションを惹起したりするために、インターネットを介して流布されるコンテンツとして、新たな役割を担いつつある。本章では「コンテンツ」および「メディア」の両概念を軸に議論を展開してきたが、今日的なデジタルコンテンツとしてのバーチャル観光は、それらの関係性の錯綜した様相を如実にあらわすものといえる。

ボルツによる「メディアのメディア」をめぐる言説は先述したとおりだが、彼がそれを語るうえで依拠するマーシャル・マクルーハンは、これについて次のように指摘している。

どんなメディアでもその「内容」はつねに別のメディアである、ということだ。書きことばの内容は話しことばであり、印刷されたことばの内容は書かれたことばであり、印刷は電信の内容である。（マクルーハン 1987：8）

ここでの内容とは「content」のことであるが、「話しことば」に対する「書きことば」、「書かれたことば」に対する「印刷されたことば」、「印刷」に対する「電信」といったように、より新しいメディアが登場することによって古くからあるメディアは「内容＝コンテンツ」として包摂される。そしてメタ・メディアとしてのスマートフォンの場合などは、既存のさまざまなメディアを「アプリ」として取り込み、それらを管理＝コンテンツ化するものとして捉えることができる。

あらゆるものがデータとして流通する現代において、従来よりもはるかに「メディア」と「コンテンツ」の関係は流動化しつつある。それは観光領域においても該当することであり、昨今ではさまざまなプラットフォームをつうじて、旅関連のコンテンツが流通する状況が浮上しつつある。

もともと旅は、人間にとって世界把握のためのメディアでありえたかもしれない。遠藤英樹は『ツーリズム・モビリティーズ』の第5章「「虚構の時代の果て」における「聖なる天蓋」――恋愛と旅の機能的等価性」と題された論考のなかで、かつてバックパッカー的な旅がそのような機能を有していた点を指摘する。「一九八〇年代後半から一九九〇年代にかけて、恋愛が現実感覚（リアリティ）やアイデンティティにアクセスするためのメディア（媒体）となっていた。宗教が聖性を喪失するとともに、恋愛が世界を「聖なる天蓋」で包み、秩序づけられた規範的な意味（コスモス）を私たちに与えてくれるようになったのだ。実は一九八〇年代後半から一九九〇年代の「虚構の時代の果て」にあって、恋愛と同じく、現実感覚（リアリティ）やアイデンティティにアクセスするためのメディア（媒体）として機能していたものが、もう一つある。旅である」（遠藤 2017 : 96）。遠藤は、数多くの若者たちがその時期にバックパッカーとして「自分探しの旅」を体験するようになった点に注目し、事後的に刊行された幾つかの旅行記のなかで、「「旅で自分を見つめ直すことができた」という言説」が反復されることになったと指摘する。「恋愛」にしても「旅」にしても、それらは当時の若者たちにとって、「生きる「意味」＝アイデンティティを付与する装置」として重要性をそなえていたのである。

しかしその後、遠藤によれば旅の「メディア」としての機能は後退していったという。彼によると「現代人は、恋愛に対しても、あるいは旅に対しても、醒めた「再帰的＝自省的なまなざし」をもち、〔中略〕日常のなかで最適化されたキャラクターをいかに身にまとうか〔中略〕を重視するようになったのではないか」（同書 : 同頁）と指摘される。旅や恋愛は、むろん現代において人びとを惹きつける対象としてコンテンツ化されつづけている。しかしその一方で、それらが若者たちの現実感覚（リアリティ）やアイデンティティに対して果たしえた機能は、時代とともに変質しつつあるのかもしれない。

以前であれば「メディア」として機能したバックパッカー的な旅について、須藤廣は次のように語る――「自立型の旅行形態のなかでは、偶然起こる出来事が多くの旅行者に降りかかる。不確定で不明瞭な出来事は、メディアが規定する予定調和的なイメージをどうしても超えていく」（須藤 2020 : 156）。筆者がベトナムで遭遇した「「予期空間」の瓦解」は、まさに、ここでいわれる「不確定で不明瞭な出来事」の連鎖が惹起したものといえるかもしれない。

これに対して「メディアが規定する予定調和的」な旅の最たるものがあるとすれば、それは「バーチャル観光」のコンテンツなのではないだろうか。人びとは安全圏である自宅にいながらにして、インターネットを介してそれらのコンテンツへとアクセスし、ささやかな「楽しみ」を享受する。それは、須藤が語るバックパッカー的な旅の対極に位置するものともいえようが、しかし見方を変えるならば、COVID-19がもたらした新たな状況のなかで「メディアとしての旅」は以前にもまして成立が難しくなりつつあるのかもしれない。

バックパッカー的な旅において、あるいはCOVID-19によって「予期空間」に裂け目が生じたとしても、それは現代的なメディア環境においては即座に修復されてしまい、遅かれ早かれ、コンテンツを供給する枠組みが技術的に復旧するからである。さきの「乗換案内」の事例に即していえば、デバイスに表示される情報と、それが指し示す現実とのあいだに乖離が生じる瞬間があったとしても、それはアプリ内の情報が更新されることで、あるいはTwitterなどほかのメディアを参照することであっけなく補正される。その「予期空間」がもつレジリエンスを勘案するならば、もはや旅は「コンテンツ」を供給する源泉にはなりえたとしても、自己の身体をインターフェイスとしながらアイデンティティやリアリティを探求するための「メディア」にはなりにくいのかもしれない。

（松本健太郎）

○引用・参考文献

アーリ、ジョン（2015）『モビリティーズ――移動の社会学』吉原直樹＋伊藤嘉高訳、作品社

石田英敬（2016）『大人のためのメディア論講義』筑摩書房

エリオット、アンソニー＋ジョン・アーリ（2016）『モバイル・ライブズ――「移動」が社会を変える』遠藤英樹監訳、ミネルヴァ書房

遠藤英樹（2017）『ツーリズム・モビリティーズ――観光と移動の社会理論』ミネルヴァ書房

河島茂生（2014）「序章　デジタル・ナルシス」河島茂生編『デジタルの際――情報と物質が交わる現在地点』聖学院大学出版会、11-30頁

北野圭介（2014）『制御と社会――欲望と権力のテクノロジー』人文書院

金暻和（2021）「ソーシャルメディアと「関心の経済学」」小西卓三＋松本健太郎編『メディアとメッセージ――社会のなかのコミュニケーション』ナカニシヤ出版、33-45頁

シュナイアー、ブルース（2016）『超監視社会――私たちのデータはどこまで見られているのか？』池村千秋訳、草思社

須藤廣（2020）「解説 「バックパッカー」体験の社会学に寄せて」萬代伸哉『バックパッカー体験の社会学――日本人の若者・学生を事例に』公人の友社、150-163頁

谷島貫太（2016）「第2章 ベルナール・スティグレールの「心権力」の概念――産業的資源としての「意識」をめぐる諸問題について」松本健太郎編『理論で読むメディア文化――「今」を理解するためのリテラシー』新曜社、45-61頁

土橋臣吾（2013）「環境化するデジタルメディア」土橋臣吾＋南田勝也＋辻泉編『デジタルメディアの社会学――問題を発見し、可能性を探る』北樹出版、12-22頁

富田英典（2016）「メディア状況の概観とセカンドオフライン――モバイル社会の現在」富田英典編『ポスト・モバイル社会――セカンドオフラインの時代へ』世界思想社

濱野智史（2015）『アーキテクチャの生態系――情報環境はいかに設計されてきたか』筑摩書房

ペントランド、アレックス（2015）『ソーシャル物理学――「良いアイデアはいかに広がるか」の新しい科学』小林啓倫訳、草思社

ボルツ、ノルベルト（1999）『グーテンベルク銀河系の終焉――新しいコミュニケーションのすがた』識名章喜ほか訳、法政大学出版局

マクルーハン、マーシャル（1987）『メディア論――人間の拡張の諸相』栗原裕ほか訳 みすず書房

松本健太郎（2019）『デジタル記号論――「視覚に従属する触覚」がひきよせるリアリティ』新曜社

松本健太郎（2019）「旅をめぐるイマジネーションの現在――トリップアドバイザーがシミュレートする「想像による旅」」観光学術学会『観光学評論』7(1)：13-20

Juul. J.（2005）*Half-Real: Video Games between Real Rules and Fictional Worlds*, MIT Press.

Lanham, R.（2007）*The Economics of Attention: Style and Substance in the Age of Information*, University of Chicago Press.

Morris, J. and Murray, S. (2018) *Appified: Culture in the age of apps*, University of Michigan Press.

第5章　ゲームのなかで、人はいかにして「曹操」になるのか
――「体験の創出装置」としてのコンピュータゲーム

第1節　コンピュータゲームによる「体験の創出」

人はなぜゲームをするのか――むろんこの問いに対しては、プレイヤーによってさまざまな回答がありうる。ソーシャルゲームであれば、それをたんに「気晴らし」や「暇つぶし」のためにプレイする人もいるだろうし、また、シミュレーションゲームであれば、関心のある世界を疑似体験するためにプレイする人もいるだろう。あるいはｅスポーツであれば、人はそれを他者に対する自らの優位を誇示するためにプレイするだろうし、また、脳トレ系のゲームであれば、それを学習のためにプレイするだろう。つまりゲームの種類や質によって、プレイの動機や目的もさまざまでありうる。

そもそもゲームとは、それに特有の「語りにくさ」をもったメディアだといえる。コンピュータゲームにはＲＰＧ、格闘ゲーム、音楽ゲーム、ノベルゲーム、シミュレーションゲームなどの下位ジャンルが包含されるが、それらをつらぬく共通のルールや文法が存在するかというと、必ずしもそうとは思われない。比較すると、たとえばマンガというメディアの場合、少女マンガにしてもギャグマンガにしても、「コマ割り」という要素があり、また「吹き出し」という要素がある。つまりジャンルが異なっても、それらの表現はマンガというメディアに特

有の文法的な要素によって支えられているのだ。しかしゲームの場合、たとえば「SimCity」と「荒野行動」と「テトリス」のあいだに何か共通の文法的要素があるかと問われると、そのようなものを見出すのはなかなか難しいのではないだろうか。また、プレイに際して求められるルールの理解やコントローラの操作はジャンルによっても作品によっても差異があり、したがってプレイヤーは、反復的なトレーニングによってプレイの習熟度を高めていくしかない。そう考えてみると「ゲーム」とは、文法構造や操作方法などの面で、その名のもとにあらゆる作品を一括りにすることが困難なメディアだと位置づけられよう。

しかしそれでもあえて、あらゆるゲーム作品をつらぬく共通項を探そうとするならば、それは「体験の創出」という点に求めることができるのではないだろうか。たとえば「SimCity」は、都市開発に従事する市長としての体験を創出する。「荒野行動」は、無人島での戦闘をつうじてサバイバルする体験を創出する。「テトリス」は、落下するブロックピース（テトリミノ）を回転させながら埋めていく体験を創出する。そのどれもが一般人の日常には存在しそうもない体験だが、しかしプレイヤーに対して「体験の創出装置」としての役割を担うからこそ、ゲームは社会的な欲望の対象になるのだろう。

第2節 「三国志」における体験のシミュレーション

「体験の創出装置」ということでいえば、とくにシミュレーションゲームの領域において、私たちはゲームのなかで別の誰かになりきり、その行為を疑似体験することができる。たとえば既出の「SimCity」はいわゆる経営シミュレーションゲームの典型であるが、それ以外でいうと、たとえば「Microsoft Flight Simulator」や「電車でGO!」などは、ある職業人の体験――電車の運転手や航空機のパイロットのそれ――をシミュレートしてくれるものといえる。あるいは歴史シミュレーションゲームである「信長の野望」や「三国志」などは、再現された歴史的な舞台――日本の戦国時代/中国の三国時代――のなかで、歴史上の人物の英雄的な人生を追体験させてくれるものといえる。

以下、本章で『三国志』をモチーフとする作品をとりあげておきたい。中国発のその物語は、日本社会ではもともと吉川英治の歴史小説『三国志』(1940)、横山光輝のマンガ『三国志』(1971-1987)、川本喜八郎のNHK『人形劇 三国志』(1982-1984)などの作品を通じてひろく知られ、最近でも、青土社の『ユリイカ』二〇一九年六月号で「三国志」の世界」特集が組まれたり、あるいは、東京国立博物館で「特別展「三国志」」が企画されたりと、人びとの耳目を集めつづけるコンテンツである。その影響はゲーム領域にも浸透しており、たとえばアップル社のApp Storeで「三国志」といれて検索すると、数十にも及ぶ関連タイトルのゲームがヒットする状況である。このように無数に存在する三国志ゲームのなかでも日本で最も有名なのは、コーエーテクモゲームス(旧名・光栄→コーエー)による「三國志」シリーズのそれではないだろうか。

コーエーテクモゲームスによる「三國志」シリーズは、一九八五年発売の「三國志・抄本三國志」から二〇一六年発売の「三國志13」に至るまで、約三〇年にわたって七五〇万本以上を売り上げた人気シリーズである。まずその概略を示しておくと、作品の舞台となるのは後漢末期から三国時代にかけての中国。プレイヤーは大陸に割拠した君主の一人となり、中国統一を目指すことになる。プレイヤーは君主として軍勢を率い、敵君主の領地を攻めとる必要がある

(1) プレイヤーが操作するキャラクターは、いわば感情移入の「受け皿」として機能するものだが、筆者はそれを「代理行為者」(agent)として概念化している。というのも、そのキャラクターはゲーム世界内におけるプレイヤーの代理物として機能すると同時に、プレイヤーがさまざまな疑似体験を重ねていく際の基点となるからである。付言しておくと、すべてのゲームにおいて一律に虚構

が、他方では、計略や外交によって相手を弱体化させることもできる。また戦略上、農地開発や商業投資などを実施し、税収を増加させることも重要となる。

たとえば最新作の「三國志13」で「曹操」を選択すると、プレイヤーには「評定」「内政」「軍事」「人材」「計略」「外交」「任免」「賞罰」「物資」などの選択肢が与えられ、その枠内でコマンドを入力することにより「曹操」としての役割を遂行し、君主として中国統一を目指すことになる。その過程において、ゲームの主人公である曹操はプレイヤーの分身的存在となり、その虚構世界のなかで「プレイヤー」と「曹操」はイコールで結ばれることになる。

むろんプレイヤーは現実世界（作品外現実）において、「私は曹操ではない」ことを知っている。しかしゲーム世界の虚構世界（作品内現実）において、「私は曹操になる」ことができる。コンピュータゲームの多くが小説や映画などのフィクション作品と大きく異なるのは、そこにプレイヤーと主人公とのあいだの等価性、およびインタラクティヴィティが認められることだろう。ゲーム機のハードウェアは、それが再生する映像や音声によって主人公、言い換えれば「代理行為者」(1)を記号的に構成する。それをプレイヤーが自己の等価物として操作することにより、ゲーム世界への没入が可能になる。ここに成立する心理的契約、すなわ

図5－1　「三國志13」における曹操のイメージ

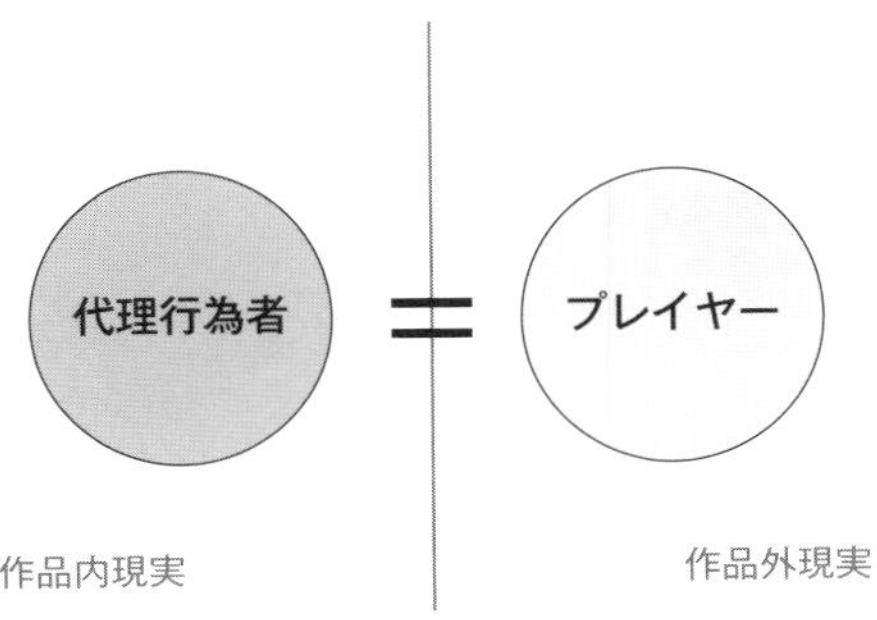

図5－2　プレイヤーと代理行為者の等価性

の代理行為者が必要とされるわけではない。たとえば（代理行為者の）脳の鍛錬や活性化を目標とする「脳トレ系」のゲームのように、そこで評価される能力値が代理行為者のものではなく、むしろプレイヤー本人のものであるような作品もある。

ち「プレイヤー＝代理行為者」という等号関係は、多くのゲーム作品がプレイされるための前提的な条件となっている。

他方の「インタラクティヴィティ」に関していえば、コンピュータゲームの虚構世界は、プレイヤーによる「介入」なしに顕在化することはない（たとえばゲーム版「三國志」についていえば、プレイヤーが曹操になりきって「中国統一を目指す」という一連のごっこ遊び（メイク＝ビリーヴ）がなければ、物語世界が具現化されることはない）。つまりプレイヤーは身体の延長物であるコントローラを介して、ゲームがシミュレートする仮想現実に没入し、そのコントローラを介した選択の積み重ねによってゲームの展開は刻々と変化するのである。

ちなみに小説や映画の場合、個々の受容者の解釈が変動することはあっても、彼らの存在／不在によって作品の世界観や物語展開が変質することは原理上ありえない。だがコンピュータゲームの場合、あらかじめプログラムされたシナリオに含まれる無数の分岐のなかで、プレイヤーはコントローラを操作しながら自らの選択を発動し、その一連の作業によって物語や世界観を具現化していく。そしてその際の選択によっては、個々のプレイヤーが体験する世界観や物語展開が大きく変質しうる。そしてそれは、ゲーム版「三國志」においても同様である。『三国志』の小説版、あるいはマンガ版では、物語は直線的かつ単線的に進展することになるが、ゲーム版では、物語やその結末はプレイヤーによる入力操作によって無限に変化しうる。

第3節　ゲームの変換回路――インプットの過少性／アウトプットの過多性

ともあれゲーム版「三國志」の虚構世界のなかで、プレイヤーは「曹操」になることもできるし、「劉備」や「呂布」になることもできる。その限りにおいて、ゲームとは「体験の創出装置」であるし、さらにいえば、それはある人物の体験をシミュレートするものである。しかし等号で結ばれる「代理行為者＝曹操」と「プレイヤー＝私」であるが、当然のことながら、それぞれの体験は相互に異質だといえる。つまり「曹操」は不世出の英雄として乱世を駆け抜けた存在であるのに対して、「私」はコントローラを握って指先を動かすだけの存在である。つまりゲームの「主人公」と「プレイヤー」の体験には、質的な「非対称性」が認められるのだ。

多くの場合、コンピュータゲームとは本質的にプレイヤーのアイデンティティや体験を更新する一種の変換回路であり、多かれ少なかれインプットの過少性／アウトプットの過多性が反比例的に対応することになる。つまり現実世界において、私たちはコントローラを操作することだけで、じっさいにボクシングの世界王者になれるとも、魔王を倒して世界に平和をもたらせるとも、曹操として中国全土を統一できるとも信じていない。しかしゲーム内の虚構世界では、しばしば自己のイメージや行為に関する拡張が成し遂げられ、プレイヤーと主人公とのあいだの等価性を前提とした誇大なヴィジョンが技術的／想像的に形成される。(2) それは二つの「私」、すなわちプレイヤーと代理行為者との間隙に横臥する圧倒的な非対称性（もしくは根本的な断絶）を隠蔽するプロセスであると同時に、社会化の過程で失われた万能感をプレイヤーに再供給する契機でもある、と理解することができよう。

私を含むほとんどの人間は、英雄・曹操とは程遠い、社会的に限定された「ちっぽけ」な存在である。しかし他方で、人びとはそのような超越的な存在に憧れ、

(2) ボクシングゲームでもサッカーゲームでも何でもいい。思考実験として、もしゲーム世界で世界王者になるために、現実世界で世界王者になる以上の努力が必要とされるとしたら、誰もそのゲームをプレイしようとは考えないのではないだろうか。なお、この場合には一般的なゲーム受容におけるものとは逆に、インプットの過多性／アウトプットの過少性が対応してしまっていると捉えられる。

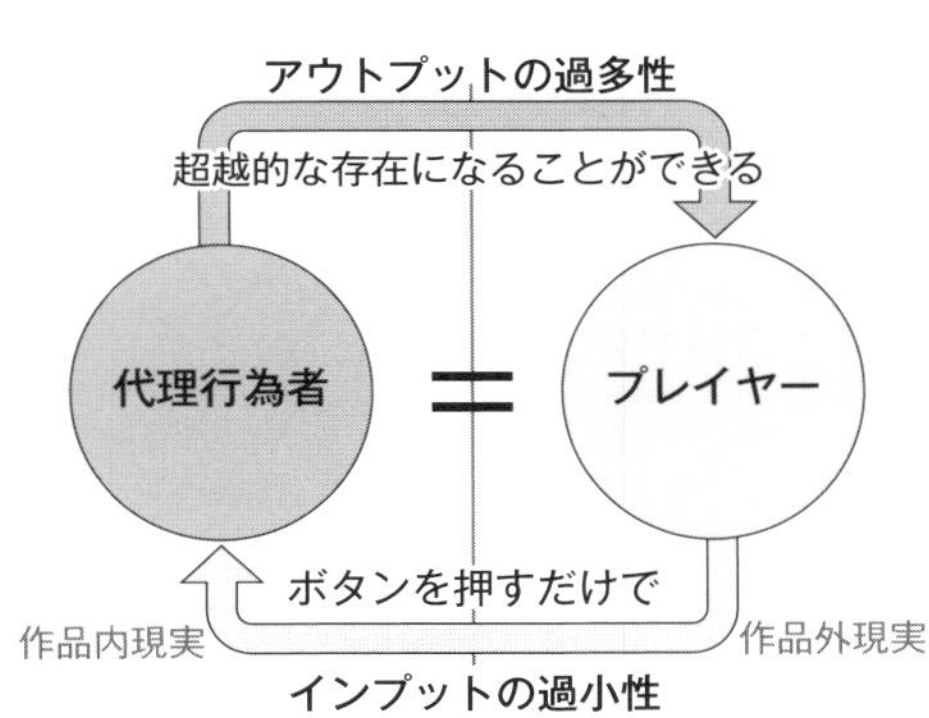

図５－３　インプットの過少性／アウトプットの過多性

ゲームの虚構世界のなかで英雄と自らを重ね合わせようとする。だが、じっさいのところ、私たちが従事するのはコントローラの操作のみであり、その体験は曹操が歴史的に成し遂げた偉業とはあまりにも乖離している。おそらく多くのプレイヤーにとってのゲーム版「三國志」とは、制御しがたい現実世界のなかで、制御の幻想を与えてくれる「箱庭」の如きものといえる。社会的に限定された存在である私たちは、「インプットの過少性／アウトプットの過多性」という構図をそなえた変換回路をゲームへと求めるのだ。

第4節　「抵抗の機械」としてのコンピュータゲーム

人はなぜゲームをするのか――再びこの問いと向き合うために、エルキ・フータモの言説を参照しておこう。カリフォルニア大学ロサンゼルス校で教鞭をとる彼は、一九世紀後半に流行をみた娯楽用の機械に言及している（ちなみに、それらの娯楽用機械は、「生産を目的とした工場やオフィスの機械のアンチテーゼとなっていた」とも指摘される）。具体的には、街角、バー、デパート、駅の待合室、遊園地などに設置された自動販売機、ギャンブルマシン、力測定器、運勢判断マシン、電気ショックマシン、視聴覚的娯楽マシンなど多種多様な機械――「スロットマシン」「コインマシン」「コイン式マシン」といった呼称でひろく流通したという――を事例としてとりあげ、それらは総じて、人びとがコインを投入することで、何らかの報酬（キャンディやタバコ、「治療用」電気ショック、体重や運勢が書かれた紙片、視聴覚的なパフォーマンス、愉快な冗談、心理的にもしくは社会的に励みになる経験、諸々の腕前を磨く機会など）を得ることができる仕組みになっていたと説明される。

なお、フータモは、これらの娯楽用のマシンを「自動式」と「プロト＝インタラクティヴ」の二つのカテゴリーへと大別している。このうち前者であるが、フータモによると「一九世紀後半および二〇世紀初頭には、「自動式」ということばは、どんな種類のコイン式マシンにもたびたび使用されていた。このことばはこれらの流行のデバイスの目新しさを高らかに強調し、それらを技術の進歩と社会における機械の繁栄と結びつけた」（フータモ 2015：119）と指摘される。さらに彼が述べるところによると、この「コイン式マシン」（コイン＝オプ）の導入は「消費資本主義が採用した代替的な戦略にすぎなかった、と提案できるかもしれない。デパートのショーウィンドウの「触ることのできない」スペクタクルに驚嘆する代わりに、増殖するコイン式のオートマトンは金銭的に余裕のなかった消費者たちに――束の間のそして大部分は幻想であった――指揮官気分を与えた」と説明されている。むろんこのコイン式の娯楽用機械は、現代人の感覚からするとあまりにも初歩的で、いかにも退屈な代物のようにも感じられるが、それでも人びとに刹那的な「指揮官気分」を付与するものであったのである。

「指揮官気分」を付与する娯楽用のゲームということでいうと、現代では、まさにゲーム版「三國志」もそれに該当するといえるだろう。当該ゲームのなかでプレイヤーは曹操になりきり、「指揮官気分」を味わうことができるからだ。

ちなみにフータモによると娯楽用のマシンは、工場やオフィスで日常的に機械へと接続されて労働に従事していた人びとにとって、一瞬の気晴らしをもたらしたという。彼はそれを「抵抗の機械（カウンター・マシン）」とも表現するが、そのような見方は、ジョン・フィスクの言説にも見出すことができる。彼によると「工場労働とテレビゲームが逆転した関係にあるとすれば、そのうちだれの目にも明らかで根本的なのは人間－マシンの関係であろう。工場労働が社会の物的なゆたかさのために商品を生産するとしたら、テレビゲームが生産するのは社会に対する抵抗であり、マシン操作者自身の意味、つまり一種のアイデンティティである」（フィスク 1998: 127）と述べている。彼がゲームを工場労働と対置していることは印象的だが、この指摘からもゲームという「変換装置」が主体と世界とのあいだの、ある種の倒立像を提示するものであると理解することもできよう。ゲームとは、社会のなかで指揮官になることが難しい一般人に対して、束の間の「指揮官気分」を提供する、いわば制御可能な「箱庭」として機能しうるのである。

デジタル時代における体験のシミュレーション――小括

筆者は現在、記号論およびメディア論の視座から「デジタル時代の想像力」を研究の対象としているが、そのような立場からするとコンピュータゲームとは、急速に変容するメディア環境の組成を把握するための格好の題材だと考えられる。本章では「体験の創出装置」としてのゲームを分析の俎上に載せてきたが、現代社会ではそれを含めて、人びとの行為や体験をシミュレートするテクノロジーが多種多様なかたちで考案されている。たとえば、現実のスポーツをゲームのなかでシミュレートしようとする「Wii スポーツ」、あるいは、教室での講義をICTによってシミュレートしようとする「インターネット大学」、さらには、DJプレイをデジタルテクノロジーの水準でシミュレートしようとする「PCDJ」など、それこそ枚挙に暇がない。現代では各種のテクノロジーによって、人間による特定の「行為」や「体験」が別の技術的なシステムのなかで合成される、あるいは再構成されるという事態がいたるところで散見されるのだ。

スマートフォンのアプリを考えてもそれは同様である。私たちは各種のアプリをつうじて、多種多様なコンテンツを享受しうる。つまり小さな板状のデバイス、すなわちスマートフォンをつうじて、自由自在に、小説やマンガを読んだり、映画やドラマをみたり、ゲームをプレイしたりすることができるのだ。それらは指先の操作によっていとも簡単に実現されるわけだが、しかし考えてもみれば、そのようなコンテンツはほんの数十年前まで、紙という物質をつうじて読まれるものだったり、ブラウン管という装置をつうじてみられるものだったりしたはずである。

それが今や、私たちはスマートフォンのアプリをつうじてテレビをみることもできるし、コンピュータゲームをつうじてスポーツを楽しむこともできる。スマートフォンにしてもコンピュータゲームにしても、それらは従来とは異質な体験を柔軟に生成するデジタルメディアである、という点では共通なのだ。そしてそう考えてみたとき、デジタル時代における人間の「体験」の変容、メディアの「役割」の変容、あるいは、人間とメディアの「関係」の変容を十全に把握するうえで、単なる娯楽にしかみえないゲームに対して、学問的なまなざしを真摯に差し向けることの意義が見えてくるのではないだろうか。

（松本健太郎）

○引用・参考文献

フィクス、ジョン（1998）『抵抗の快楽——ポピュラーカルチャーの記号論』山本雄二訳、世界思想社

フータモ、エルキ（2015）『メディア考古学——過去・現在・未来の対話のために』太田純貴編訳、N

ＴＴ出版
松本健太郎（2013）「スポーツゲームの組成――それは現実の何を模倣して成立するのか」日本記号学会編『セミオトポス⑧　ゲーム化する世界――コンピュータゲームの記号論』新曜社、71-87頁
松本健太郎（2019）『デジタル記号論――「視覚に従属する触覚」がひきよせるリアリティ』新曜社

第6章　デジタル時代の幽霊表象
――監視カメラが自動的／機械的に捕捉した幽霊動画を題材に

第1節　YouTube の幽霊動画を考える

本章で分析の俎上に載せるのは、インターネット上の幽霊動画である。試しに、YouTube の検索ボックスに「幽霊　監視カメラ」と打ち込んで実行してみてほしい。すると即座に、当該サイトにアップロードされた無数の動画がヒットすることになる。タイトルとしては「恐怖映像SP　監視カメラが捉えた幽霊・お化けの映像集」[1]とか、あるいは「【心霊映像】閉店後の防犯カメラに映った幽霊」とかいった類のものが多く、サムネイル画像としても、どれも似たり寄ったりのように見受けられる。

タイトルを紹介したこれら二本のうち前者、二〇一七年一二月一日に投稿された「恐怖映像SP　監視カメラが捉えた幽霊・お化けの映像集」の内容を具体的に参照してみよう。長さとしては一六分二四秒ほどの動画であるが、それは異なる状況で撮影された短い「恐怖映像」が複数連結されるかたちで構成されている。ドライブレコーダーを含む監視カメラが撮影した個々の動画群は、初見だと、どの箇所に「幽霊らしきもの」が表象されているのか視認しにくいものが多く、したがって該当部分を強調しながらもう一度スローモーションでリプレイする、という手法が採用されている。また、いかにもホラー的なコンテンツらしく、この種の動

（1）https://www.youtube.com/watch?v=Conhy2BFmQg（最終閲覧日：2018.5.16）

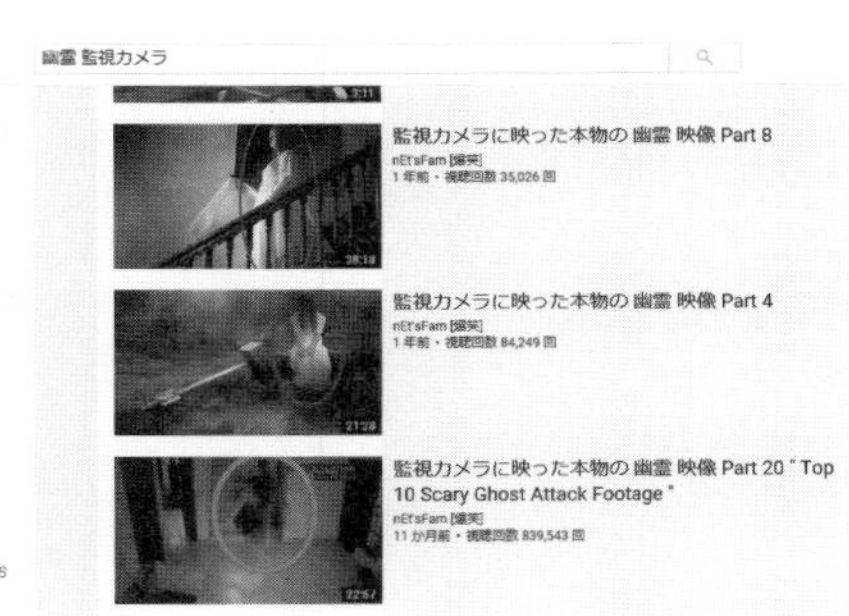

図6-1　You Tube 上の幽霊動画[2]

画には演出として、それをみる者の恐怖心を惹起するようなＢＧＭやノイズ音が付加されている場合も多い。これらの心霊系の動画は、それをみる人の恐怖心を煽るものでありながら、他方ではネット上で「娯楽」として流通し、ひろく受容される現代的なコンテンツになりえている、といえよう。

さて、先にとりあげたYouTubeの動画であるが、筆者の感想として、そこに含まれるどの「幽霊」をみても、確信をもって「これは本物である」と断言しうるものは皆無であるように思われる。むろんそれは「監視カメラ」の映像であり、その無機質な「機械のまなざし」が淡々と空間を（場合によっては、無人の空間を）捕捉しつづけ、その記録データのなかから誰かが超常的な「何か」を事後的に発見し、それらのデータが複数まとめられて一本のコンテンツが成立している、というそもそもの設定はある。しかし他方で、そこに映りこんだ幽霊たちの姿形や挙動を精査してみると、それが本物であると確信を抱くには、あまりにも像が明瞭すぎたり、あるいは安っぽかったり、作り物にみえたり、演出的であったり、恐怖よりもむしろ笑いを誘うものであったり、といった具合である。つまり、それらの映像が「幽霊」の存在を証明しうるものになりえているかといえば、そうとは思われないわけである。

むろん個々の動画は、基本的には「監視カメラ」によって撮影されたものであり、よって、そこには撮影の時刻をしめすタイムスタンプがメタデータとして表示されているものが多い（たとえば図6-2の画面下部を参照のこと）。つまり撮影機材が「監視カメラ」である点、そして、その映像に撮影の時刻表示が付与されている点が「客観性の装い」を強化している感は否めないが、しかし他方で、それらの幽霊動画が人為的な加工や編集による産物ではないと即断することもまた難しい、といえよう。

（2）https://www.youtube.com/results?search_query=%E5%B9%BD%E9%9C%8A%E3%80%80%E7%9B%A3%E8%A6%96%E3%82%AB%E3%83%A1%E3%83%A9（最終閲覧日：2018.5.15）

図6-2 幽霊動画のなかのタイムスタンプ

じっさいネット上の記事のなかには、それらの幽霊動画を「フェイク」として、あるいは「やらせ」として指弾するものも散見される。一例としてあるブログの記事――タイトルは「心霊動画はウソ？　恐怖映像の「やらせ or 本物」を見分ける七つのポイント」[3]――を参照してみると、偽物のコンテンツを見破る基準となるいくつかのポイントが列挙されたうえで、「怖い動画は「作り物」「ヤラセ」がほとんど」であるとの主張がなされている。ちなみにインターネットにおけるフェイク動画の氾濫をうけて、たとえば先にタイトルをとりあげた「【心霊映像】閉店後の防犯カメラに映った幽霊」[4]がそうであるように、実際には幽霊表象を目的とするものではなく、そうみせかけて、ラーメン店の宣伝を目的に制作されたものも紛れ込んでいたりする。

いずれにせよ、本章の目的はネットにあふれる心霊系動画について、それら個々の真贋を問おうとするものではない。そうではなく、むしろ本章で分析の俎上に載せるのは、なぜ人間にとっての「体験不可能な体験」ともいえる「死」が各種の映像メディアをつうじて、現代社会において無数のコンテンツを産出しているのか、という問題である。本章ではデジタル時代の幽霊表象を考察するために、おもに防犯カメラによって撮影されたその動画コンテンツの映像論的／メディア論的な意義に焦点をあてるが、その際にまず、幽霊をめぐる人間的なイマジネーションの源泉にある「死」の問題をとりあげておきたい。

第2節　体験不可能な体験としての「死」

人間とは死という、その直接的な体験が自らを終焉へとみちびく事象を必死に遠ざけようと

（3）https://latte.la/column/50550526（最終閲覧日：2018.5.15）

（4）https://www.youtube.com/watch?v=sYjxJsDjJVQ https://latte.la/column/50550526（最終閲覧日：2018.5.15）

する一方で、言葉や映像メディアを介してそれを意識化し、生きているうちは決して到来するはずのないその疑似体験さえ試みようとする。たとえばテレビゲームにおけるプレイヤーキャラクターの死、すなわち「game over」の瞬間は、そのような「疑似体験」の一例といえよう。

丸山圭三郎はその著書『ホモ・モルタリス』のなかで、人間を「本能とは異なるコトバによって〈死〉をイメージ化し、死の不安と恐怖をもつ唯一の動物である」（丸山 1992: 35）と語ったが、まさに人間が意識化してみせる死とは原理上それ自体ではなく、たんなるイメージ、もしくはコトバやメディアの効果として現前するものでしかありえない。だが、それにもかかわらず、人間は不可知な「死」という事象に対して、それを忌避しながらも好奇心をもつという両義的な感情を抱きがちである。「ききたいけど／ききたくない」「みたくないけど／みたい」――友人の怪談話に耳を傾ける、あるいは映画館の暗闇のなかでホラー映画をみるなどの行為にのぞむとき、自らのうちに潜むそのような矛盾した感情に出くわしたことはないだろうか。

死という事象に関しては、自己のそれと他者のそれは質的に断絶しているわけだが、このことは養老孟司が『死の壁』のなかで言及している「死体の人称」を踏まえると理解しやすいかもしれない（養老 2004: 77-82）。彼によると二人称のものとは「死体でない死体」、すなわち（感情移入の対象となるがゆえに単なる死体にはみえない）近親者の死体であり、さらに三人称のものとは「死体である死体」、すなわち（アカの他人であるがゆえに感情移入の対象になりえない、物体としての）第三者の死体であると説明される。これに対して問題なのは一人称のものであるが、それは「ない死体」、すなわち（この私が生きているかぎり直視することが原理上ありえない）私自身の死体であると説明されるのである。たしかに、養老がいう二人称、三人称のものは、それが近親者の死で重く悲しい「死」であるにせよ、あるいは、たまたまニュースで知りえた情報としての「死」であるにせよ、それを認知する自己にとっては「他者の出来事」として位置づけうる。これに対して一人称の死が質的に断絶しているのは、それが「自己の終焉」を意味するからである。すなわち前記の人称区分のうち、「一人称の死」とは生命の限界を区切るものであり、その到来によって私たちは自らの身体に対する支配権を失うことになるのだ。

したがって「一人称の死」とは、私が体験する出来事というよりは、むしろ体験する私自身の瓦解を意味する。つまり自らの死を体験してしまったときには、その死を体験する主体そのものが終焉を迎えているのである。だからこそ、養老はその水準の死体を「ない死体」と表現したのである。だが、その体験不可能な体験ともいえる「死」について、そこから派生する不安や不気味さを掻き消すためにか、人びとはさまざまな映像メディアをつうじてその何たるかを理解しようと試みる。たとえば私たちは報道写真や動画投稿サイトなどで、「死」の現実をありのままに表象したイメージを閲覧することもできる。あるいはテレビゲームの虚構世界のなかで、人工的にシミュレートされた「仮想の死」を追体験することもできる。実際の体験の本来的な不可能性とは裏腹に、現代社会では記号消費の対象として死のイメージが氾濫しているのだ。

事実、体験不可能な体験であるはずの「死」が映像化され、コンテンツ化される事例は、現代社会のいたるところで散見される。本章ではすでに冒頭で YouTube の幽霊動画に言及しているが、それ以外にも、たとえば心霊写真、ホラー系の映画やゲーム、お化け屋敷やダークツーリズムなど、それは枚挙に暇がない。それらの諸形態を勘案するならば、「死」を題材とし、現代社会に流通する無数のコンテンツ群は、不可視で不可知であるはずのそれを、可視的で可知的なものへと変換する文化的な装置として機能している、といえるかもしれない。

第3節　写真というメディウムに憑依する死の影

フィリップ・アリエスが『死と歴史』のなかで指摘するように、現代社会では死がタブー視の対象とされる傾向がある。事実、それはマスメディアによる表現の水準でも禁忌として認識されており、たとえばテレビなどで事故や災害で亡くなった人びとの遺体が直截にうつしだされることは稀である。多くの場合、養老がいう三人称の死はあらかじめ表象のフレームから意図的に排除されているのだ。しかしその一方で、死は人びとにとっての関心事でありつづけており、たとえばインターネット上の写真や動画をつうじて可視化され、コンテンツ化される傾向にある。

むろん死の可視化＝映像化、もしくはコンテンツ化への希求は、なにも現代社会に特有の事象ではない。たとえば日本では鎌倉時代から江戸時代にかけて「九相図」というジャンルの仏教絵画が描かれてきたが、それは遺体が次第に朽ちていく様子を九つの段階にわけて表象したものである。そこに描かれるのは多くの場合、煩悩の対象となりうる美女であることから、それは若さや美しさを含め、時間とともに流転する現実の儚（はかな）さをテーマとしつつ、そもそも直視しがたい対象である死を、それをみる者に直視させるものといえよう。

「死の映像化＝コンテンツ化」の別の例をあげるならば、ヨーロッパ社会では一九世紀、写真術が発明されて以降ほどなくして、「心霊写真」が人気を博するようになったという。心霊写真といっても、この時代のそれは私たちが想像するものとは異なり、交霊会でもちいられた数ある霊媒装置のうちの一つであった。[5] 写真術は当時、時代を象徴する最先端の科学テクノロジーとして捉えられていたわけだが、人びとはそれによって幽霊を可視化し、科学的に証明しようという欲望に駆り立てられていったのである。ジョン・ハーヴェイは『心霊写真――メディアとスピリチュアル』のなかで、一九世紀の写真をめぐる状況を踏まえて、次のような指摘をおこなっている。

> 霊は存在する――そして写真に写る。この二つの観念は、ある意味では相互に依存し合いながら、老若男女を問わぬ多くの人々の中に根強く存在してきた。〔中略〕写真と霊とが結びつく時、霊という古い信仰とその機構を近代のテクノロジーが応援する。〔中略〕それはまた、二つの信仰表明を結びつける――一つは不可視なリアリティが実在するという信仰、もう一つはカメラの公平無私な目は真実を的確に捉えるという信仰。（ハーヴェイ 2009 : 8-9）

一般的に考えれば、「科学的なもの」と「オカルト的なもの」とは互いに相容れず、対極的なものとして想像される傾向にあるのかもしれない。しかし不思議なことに一九世紀には両者が奇妙なかたちで結びつき、写真という近代的なテクノロジーによって無数の心霊的なコンテンツが産出されていったのである。

ともあれ九相図や心霊写真のように、人間は絵画や写真といった映像メディアを「窓」として活用しながら、死の世界、あるいは死後の世界を垣間見ようと試みてきたわけであるが、と

（5）前川修は「写真論としての心霊写真」と題された論考のなかで、心霊写真に関する二つの類型を提示している。彼によると、そのうち第一のものは「ないものがある心霊写真」であり、たとえば多重露光などによって、撮影時にはみえなかったはずのものが写っているものとされる。これに対して第二のものは「あるものが見える心霊写真」であり、一九世紀に流行した降霊会（見世物＝実験）で使用された霊媒装置のひとつであるとされる。前川はこれについて、「魔術師たちの公演と霊媒による降霊会は競合しあう関係にあった」と指摘している（前川 2004 : 36）。

くに本節で着眼してみたいのはこれらのうち後者、すなわち「写真」である。先述の引用でハーヴェイは、「公平無私な目は真実を的確に捉える」ものとして写真を位置づけたが、じつはそのメディウムそのものに「死の影」が付きまとっているのである。たとえばスーザン・ソンタグによって提示される写真観は、そのような見方の典型といえるだろう。

いまはまさに郷愁の時代であり、写真はすすんで郷愁をかきたてる。写真術は挽歌の芸術、たそがれの芸術なのである。〔中略〕美しい被写体も年とり、朽ちて、いまは存在しないがために、哀感の対象となるのである。写真はすべて死を連想させるものである。写真を撮ることは他人の（あるいは物の）死の運命、はかなさや無常に参入するということである。まさにこの瞬間を薄切りにして凍らせることによって、すべての写真は時間の容赦ない溶解を証言しているのである。（ソンタグ 1979 : 23）

ソンタグは「この瞬間を薄切りにして凍らせる」と説明するが、考えてもみれば、被写体の現実そのものは時間とともにたえず流転し変容していくものであるのに対して、写真はその時間的な一断面を切り取って凍結させ、映像として保存するものである。それは、すでに過ぎ去った時空、換言すれば、決定的に失われてしまった「被写体の過去」をありのままに反映するものであり、したがってソンタグが「挽歌の芸術」と表現したように、「写真はすべて死を連想させるもの」なのである。

なお、そのような写真観は、記号学者として高名であったロラン・バルトによっても提起されている。彼は晩年に執筆した写真論『明るい部屋――写真についての覚書』のなかで、その写真という媒体が「死者の回帰」をもたらすとも、あるいは「死んだ事物の生き生きとした映像」をもたらすとも語っている（バルト 1985）。彼は別の箇所で、「写真のなかで「私」は幽霊になる」とも語っているが、ようするに写真というメディウムは「死者」や「幽霊」を、すなわち、時間とともに朽ちていき、撮影時と同じかたちでは決して存在しえない何か――「私」の過去の姿を含む――を生々しく提示するもの、と理解される。

第4節　心霊写真が表象する現実――「それは＝かつて＝あった」のか？

写真研究者の前川修によると、「心霊写真を考えることは、じつは写真論や写真研究の核となる部分に直接切り込みを入れて、再考を促す契機になる」と指摘される（前川 2004 : 23）。では、それはなぜだろうか。本節ではこの問題を、さらにバルト写真論の視座から敷衍していきたい。

バルトは先述の『明るい部屋』のなかで、写真というメディウムの精髄を「それは＝かつて＝あった」《*Ça-a-été*》という短い言葉によって表現したが、たしかに被写体（＝それ）が撮影の瞬間（＝かつて）、レンズの前に実在した（＝あった）という事実を、その映像は客観的に証明するものといえる。写真とはいわば〝光の痕跡〟であり、それが撮影の瞬間の時空――すでに失われたという意味で「死せる時空」――と不可分に結びついているからこそ、彼は「時間の壁」を超えて過去を表象するその記録メディアを、「墓」や「ものをみる時計」といった隠喩でもって表現したのである。

それではバルトの写真観を前提として、実際に「幽霊」がうつしだされたその映像を考察してみた場合、そこから何がみえてくるだろうか。彼による「それは＝かつて＝あった」という言辞を踏まえて考えてみるならば、写真にうつりこんだものは、須らく、撮影時にレンズのまえに実在したものでなければならない。よって心霊写真とは、現実には存在するはずのないものの存在を証明するものになってしまう。逆にいえば、そのような写真というメディウムの特性があるからこそ、ハーヴェイが指摘したように、一九世紀の人びとは写真によって霊的現象を証明しようと躍起になったのである。ちなみに前川は当時の状況を踏まえて、次のような洞察を披露している。

　一九世紀半ば以来、心霊写真を見ることとは、写真という薄膜の上にとどまって、「見る」欲求と「ある」ことを知ろうとする欲求に駆り立てられながら、現実の不確かな縁に足を踏み出すスリリングなゲームでもあった。心霊写真とは、それが起点となって「ある」ことや「見える」ことが根底から揺さぶられ――この意味で「ある／見える」ことは議論されるべきである――、それにより日常的現実感に亀裂が入れられ、人々が不安を抱きながらもその表面へと繰り返し回帰してしまう――この意味で心霊写真は「憑く」――媒体＝メディアだったのだ。（前川 2004: 18）

心霊写真とは長らく、そのメディウム的な特性に依拠して、「ある」はずのない、存在するはずのないものを可視化させることにより、日常的現実感に亀裂を生じさせ、人びとを惹きつける（あるいは、前川の言葉を借りれば、人びとに「憑く」）、そのような特質をもつ表現形式であったわけである。

第5節　デジタル時代の映像表象

前節で紹介したように、バルトは一九八〇年に執筆した『明るい部屋』のなかで、写真の精髄を「それは＝かつて＝あった」という言辞によって表現したが、従来はそのように語りえた写真も、アナログからデジタルの段階へと移行するにつれて、その表現形式としての、あるいは、そのメディウムとしての特性は当然ながら変化をこうむる。実際に写真がデジタル化されるようになった今、その画像の加工・編集はいっそう容易になったともいえるし、また、Facebook や Instagram などソーシャルメディアの回路を経由して交換されるようになった今、その画像を介した新たなコミュニケーションやコミュニティが台頭するようになったともいえる。

前川修は「デジタル写真の現在」と題された論文のなかで、デジタル写真をめぐる言説を、一九九〇年代半ばに訪れたその草創期と、Ｗｅｂ２・０以降とに分けて整理している。以下でとりあげてみたいのはそのうち後者、すなわち二〇〇〇年代以降の言説であるが、彼はその論点を以下の三点――「①メディアの収斂とカメラの消失」「②スクリーンの肌理(きめ)とフロー性」「③自動化とメタデータ」――へと大別して議論を整理するのである。

まず一点目の「①メディアの収斂とカメラの消失」に関してだが、前川によると二〇〇一年にカメラ付き携帯電話が登場して以降、「カメラはもはやそれ自体が独立して存在するというよりも、他のデバイスに取りこまれる一機能になる」（前川 2016：10）と指摘される。また二〇〇四年には、パソコンや携帯から写真をアップロードして共有できる「Flickr」が登場し、それ以後、オンライン上のアーカイブやデータベースを前提に、「同一のスクリーン上で複数のジャンルのメディアがスペースを共有するという帰結」（同書：11）がもたらされたと言及される。

つぎは二点目の「②スクリーンの肌理とフロー性」である。前川によると、いうまでもなくカメラが搭載された「携帯デバイスは、（明るく鮮やかな）スクリーンをデザインの主要なアピールポイントとしている」わけだが、私たちが指やマウスでそれを触覚的に操作するという閲覧時の行為を想起するならば、もはや「写真は単数形でそれを見る者の没入を誘うというよりも、つねに「もうひとつ」の写真へと手や指で写真を突き動かす運動を前提にしている」とされる。つまり、この「潜在的な複数の状態につねに開かれているという在り方」（同書：12）をふまえて、彼はデジタル写真に認められるデータの流れを「フロー」という概念によって指呼するのである。

前川によれば「撮影後に即座にパソコンに取りこまれる写真や、携帯電話のスクリーン上で見られる写真は、もはやそれ自身で明瞭な境界を持たず、スクリーン上で他の映像と合流して際限ないデータの流れ（フロー）のなかの一要素になっている」（同書：11）と指摘されるが、私たちはインターネット経由で多種多様なデジタル画像群にアクセスし、指やマウスで触覚的な操作を遂行しながら、それらをデータのフローのなかで（一枚いちまいを個別に鑑賞するのではなく、あくまでも）連続的に視認する。それらのデジタル画像、および、ここで「フロー」として表現されるようなその画像データの連鎖は、いまや現代人の世界認識を基礎づけるものになりつつある、ともいえよう。

さいごに三点目の「③自動化とメタデータ」に関してだが、デジタルカメラによる写真撮影に付随して、同時に「ＥＸＩＦデータ」（使用機器、シャッター速度、ＩＳＯ感度などの技術的データや、地理的位置、日付、時間などの撮影データ）が記録され、「イメージが後にウェブ空間において分類、検索、使用される際の「メタデータ」になっている」（同書：13）という。ともあれ前川は以上の三点をあげながら、写真というメディウムのデジタル段階における変容を整理するのである。

現代とは、写真が切りひらいた時代の、その次の段階に位置しており、そのデジタルイメージの氾濫する今は、しばしば「ポスト写真時代」として論及されもする。そのような状況において、写真というメディウムの特性もまた大きく変化しつつあるのだ。それはPhotoshopなどで容易に加工・編集され、FacebookやInstagramなどで容易に交換される。もはや写真とは時間的な深度を感知させるメディア、あるいは、ハロルド・イニスの言い方を借りれば、（時間を超えて情報を運ぶ）「時間バイアスをもつメディア」という側面よりも、むしろ（空間を超えて情報を運ぶ）「空間バイアスをもつメディア」としての側面が前景化されつつある、といえるかもしれない。

以上のように前川がとりあげたのはデジタル写真だが、カメラの機械的なまなざしが現代社会の各所に遍在する現況にあって、監視カメラもまた静止画／動画を問わず、いまや、メタデータを付帯する画像データのフローを量産する主要な源泉になりえている。既述のように、たとえばYouTubeにアップロードされた大量の幽霊動画は、社会空間のいたるところに設置された監視カメラに依拠して撮影されたものという前提をもち、そのタイムスタンプのメタデータが客観性の装いを強化しつつ、記録データの集合体から幽霊の事後的な発見を可能にする「フロー」を大量に産出しているのだ。

写真の変容ということでいえば、加工や編集が容易になったデジタル画像は、バルトがフィルムで撮影したそれに見いだした客観性、すなわち「それは＝かつて＝あった」というその本来的特性を喪失しつつある。その一方で、幽霊を表象する監視カメラの動画群もまた、先述のとおり、その多くが加工や編集を前提とするフェイクであるとも指摘されていた。映像がデジタル化される時代において、カメラによって撮影されたデジタル映像は、従前と同様の客観性や信憑性をもちえなくなっているのである。

第6節　データベースのなかで事後的に発見される幽霊

冒頭であらかじめ断わったように、本章の目的はネットにあふれる心霊系動画について、それら個々の真贋を問おうとするものではない。そうではなく、むしろ本章が目指すのは、なぜ人びとが監視カメラによって撮影された幽霊動画を求め、それがネットにおけるコンテンツとして量産されているのか、という問題をめぐる映像論的／メディア論的な考察を展開していくことである。

さて、ここですこし視点をかえてみよう。YouTube の幽霊動画以外に目を向ければ、近年では自動的／機械的に撮影され、データベースへと登録された画像群のなかから、人びとがインターネットによってそれを閲覧し、何かしらの「細部」をコンテンツとして事後的に発見する、という事例が増えている。火星探査車のキュリオシティが撮影したその惑星地表の画像も然り、あるいは、Google ストリートビューが路上で撮影したその被写体の画像も然りである。前者のキュリオシティのものに関しては、たとえば wired.jp の記事でいえば「火星上で「プラスティック片」を発見[6]」や「火星探査機――明るく光る未知の粒子を発見[7]」といった真偽不

（6）http://wired.jp/2012/10/11/curiosity-bright-plastic/（最終閲覧日：2016.7.20）

（7）http://wired.jp/2012/10/19/curiosity-scoops-objects/（最終閲覧日：2016.7.20）

（8）http://rocketnews24.com/

明のニュース〈図6-3〉がたびたび話題となるし、後者のGoogleストリートビューのものに関しては、たとえば「Googleストリートビューで見る「世界の珍場面」[8]」や「ちょっと怖い⁉グーグルストリートビューがとらえたヤバイ瞬間〈画像集〉[9]」といった記事がネット上で出回ったりする。

ヴァルター・ベンヤミンによれば、写真とは日常的な視覚が見過ごしがちなものを剝き出しにする——たとえば、一瞬の身振り、束の間の姿勢、自分では意識していない身体や顔の表情がこれにあたる、という。ベンヤミンは写真のなかに「無意識が織りこまれた空間」を見いだすわけであるが、ここで簡潔に、彼が『写真小史』のなかでそれに論及している部位を引用しておこう。

> カメラに語りかける自然は、肉眼に語りかける自然とは当然異なる。異なるのはとりわけ次の点においてである。人間によって意識を織りこまれた空間の代わりに、無意識が織りこまれた空間が立ちあらわれるのである。たとえば人の歩き方について、大ざっぱにではあれ説明することは、一応誰にでもできる。しかし〈足を踏み出す〉ときの何分の一秒かにおける姿勢となると、誰もまったく知らないに違いない。写真はスローモーションや拡大といった補助手段を使って、それを解明してくれる。こうした視覚における無意識的なものは、写真によってはじめて知られる。（ベンヤミン 1998：17–18）

ベンヤミンが「視覚的無意識」なる概念をつうじて語ったように、そもそも写真

2013/06/16/340653/（最終閲覧日：2016.7.20）

（9）http://blog.livedoor.jp/loveai0221/archives/33274851.html（最終閲覧日：2016.7.20）

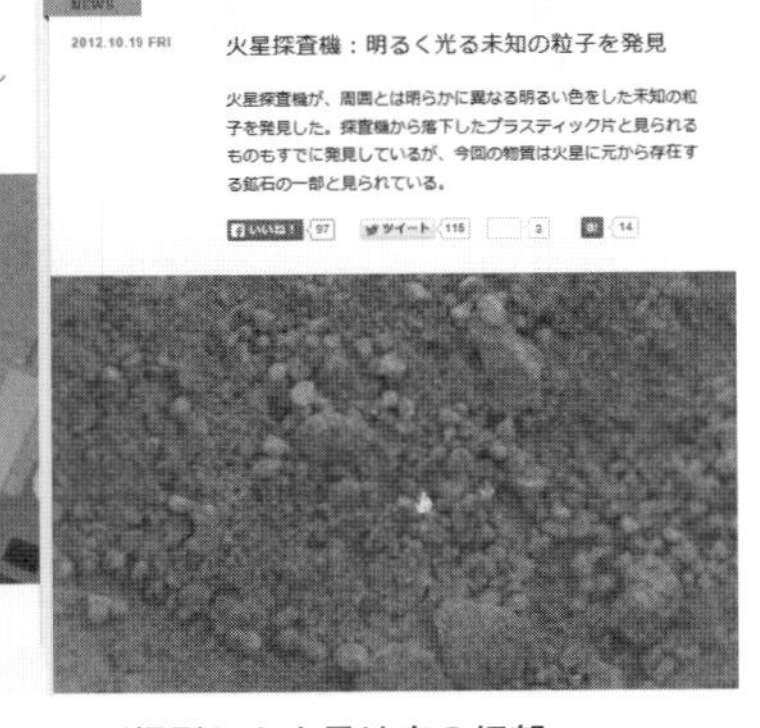

図6-3　キュリオシティが撮影した火星地表の細部

とは、人間の肉眼や意識が把捉しきれないものを露わにする機能をもっている。つまり、いちおうは私たちの視野に入りつつも認識の網の目から零れ落ちてしまうものを、あるいは、記憶の俎上から零れ落ちてしまうものを、写真はその鑑賞の段階で、事後的に確認する術を人びとに提供するのである――これと関連づけるならば、石田英敬は映画やフォノグラフなどに言及しながら、機械的な記録と人間的な認知の「ギャップ」こそが「技術的無意識」をうみだすとも指摘している（石田 2016：75）。ともあれ、これらの視座に立脚するならば、YouTube の膨大な動画データベースに登録された幽霊たちは、テクノロジーがうみだした〝無意識的なもの〟を基盤に生成された想像力の所産として把捉してみることができるだろう。

本章ではすでに冒頭で、「恐怖映像ＳＰ　監視カメラが捉えた幽霊・お化けの映像集」と題されたYouTube の動画を分析したが、そのコンテンツの前提となっていたのは、前記のキュリオシティ、もしくはGoogle ストリートビューの場合と同じく、いわば「事後的発見の物語」である。監視カメラの映像におさめられた何かしらの「細部」がデータベースのフローから発掘され、それに対して（事後的かつ人為的に）「幽霊」という新たな意味が付与され、インターネット空間を流通するコンテンツとして波及力を獲得していく。つまるところ、新たなメディア環境／技術的環境こそが「幽霊」をめぐる現代的なイマジネーションの源泉として介在しているのではないだろうか。

小括

本章ではおもにYouTube にあふれる心霊動画を考察の起点としてとりあげながら、デジタル時代における幽霊表象について分析を展開してきた。その過程で、人間にとって「体験不可能な体験」ともいえる「死」がいかに各種のコンテンツをうみだしつつあるのか、また、幽霊表象の媒体としての写真がいかに「死」のイメージとともに語られてきたのかを明らかにしたうえで、デジタルイメージの時代において、本来であれば存在しえないはずの幽霊がいかに映像的に表象されつつあるのか、その様態を前川やベンヤミンの言説を援用しながら議論してきた。

幽霊をめぐるイマジネーションは、それを表象するメディアテクノロジー、もしくは映像テクノロジーのあり方と密接にかかわる。本章がデジタル時代における、その興味深いイマジネーションの組成を理解するための一助になれば幸いである。

（松本健太郎）

○引用・参考文献

アリエス、フィリップ（1983）『死と歴史──西欧中世から現代へ』伊藤晃＋成瀬駒男訳、みすず書房
石田英敬（2016）『大人のためのメディア論講義』筑摩書房
ソンタグ、スーザン（1979）『写真論』近藤耕人訳、晶文社
ハーヴェイ、ジョン（2009）『心霊写真──メディアとスピリチュアル』松田和也訳、青土社
バルト、ロラン（1985）『明るい部屋──写真についての覚書』花輪光訳、みすず書房
ベンヤミン、ヴァルター（1998）『図説 写真小史』久保哲司編訳、筑摩書房
前川修（2004）「写真論としての心霊写真論──心霊写真の正しい憑かせ方」一柳廣孝編『心霊写真は語る』青弓社
前川修（2016）「デジタル写真の現在」『美学芸術学論集』12：6–33，神戸大学芸術学研究室
丸山圭三郎（1992）『ホモ・モルタリス』河出書房新社
養老孟司（2004）『死の壁』新潮社

Innis, H. A.（1991）*The Bias of Communication*, University of Toronto Press.

第Ⅱ部

コンテンツが生成するコミュニケーションのネットワーク

第7章　アクセシビリティと意味解釈
――お笑いコンテンツにおける字幕付与

「アクセシビリティ」という言葉がある。とくに「情報アクセシビリティ」（information accessibility）といったときには「情報へのアクセスのしやすさ」を意味し、しばしば「高齢者や障害者を含む多くの人々が不自由なく情報を得られるようにすること」（『大辞泉』）を目指す概念として使用される。近年、アクセシビリティの問題が取り沙汰されている背景には、パソコンやスマートフォンの普及によって多くの人びとが容易に情報を入手できるようになった一方で、一部の人びとにとってはその情報が読みづらいものであったり、ときにはアクセスしにくいものであったりする状況がかかわっている。バリアフリーや共生といったキーワードが注目される現代社会においてはなおさら、「誰もが同じように情報にアクセスできるようにすること」は社会的な要求として重要性を増している。

こうした状況のなかで、障害者をめぐる情報アクセシビリティの問題はかねてからその必要性が訴えられてきたにもかかわらず、いまだ十分な対策が講じられているとはいえない。むろん、一昔前にくらべれば、生活のいたるところに配慮の意識は認められる。公共施設の点字案内や音声案内をはじめ、手話通訳や字幕付与などを目にする機会も増えた。しかし他方では、東日本大震災における障害者の死亡率の高さが物語るように、生死にかかわる緊急時の情報でさえ、アクセシビリティの対策が不十分な状況もある。

これが娯楽や芸術の領域ともなれば、情報アクセシビリティの手段が満足に実行される割合はさらに少なくなる。たしかに、災害時の緊急情報などと比較すれば、娯楽コンテンツや芸術作品へのアクセシビリティの優先度は低いと感じられるかもしれない。しかし、そのような優先度の高低を定めること自体が、すでに自由なアクセスを阻害する行為であるともいえる。

本章では、これまであまり注目されてこなかった娯楽の領域、とくにお笑いコンテンツをめぐる情報アクセシビリティの問題を取り上げる。稀有な実践例である漫才への字幕付与を題材としながら、アクセシビリティをめぐる課題が単純な情報入手だけにはとどまらない、メッセージの意味解釈をも射程に含む問題であることを提示する。そのうえで、（聴者）社会の不均衡な情報提示のあり方を検討していく。

第1節　お笑いコンテンツにおける字幕付与

ＶＨＳやＤＶＤなどの映像ソフトにおける情報アクセシビリティの一つに、日本語字幕を付与するという方法がある。音声情報を字幕という視覚情報に変換するこの方法は、聴覚障害者のためのアクセシビリティの一環に位置づけられる。音から情報を得ることが困難な聴覚障害者が映像コンテンツをたのしむために日本語字幕付与は必須であるはずだが、実際にそれが実行される割合は少ないという現状がある。(1)

そうした状況のなかで、二〇一三年に発売されたＤＶＤ『サンドウィッチマンライブツアー2012』（図7-1）で実施された日本語字幕付与は画期的な試みであったといえよう。このＤＶＤはお笑い芸人サンドウィッチマンが二〇一二年におこなったライブツアーを映像化した作品で、それまでほとんど試みられることのなかった漫才やコントへの字幕付与を実現している。

(1) 二〇〇六年一二月に日本図書館協会が実施した調査によれば、ＶＨＳの字幕付与率は〇・六六パーセント（二万九五六タイトル中一三九タイトル）、ＤＶＤの字幕付与率は七・一パーセント（一万四〇〇〇タイトル中一〇〇〇タイトル）にとどまっている（全日本難聴者・中途失聴者団体連合会「日本の文化芸術のバリアフリー化要望」」http://www.zennancho.or.jp/special/culture20110715.html（最終閲覧日：2018.12.30)）。

サンドウィッチマンのツッコミを担当する伊達みきおが「耳の不自由な知り合いから「お笑いDVDを見たことがない」と聞いたのがきっかけ」だったと語っていることは、聴覚障害者がお笑いというジャンルにアクセスしにくい現状を反映している。その意味で、この作品の試みは単に一映像ソフトへのアクセスを可能にするだけでなく、お笑いがいかに聴者社会を前提とした事象であるのかを露呈させるものであったともいえる。

ただし、この作品の字幕付与には情報アクセス上、いくつかの課題がみられることも事実である。ここでは二つの点、すなわち、文字表記をめぐる問題と映像表示をめぐる問題、に言及しておきたい。文字表記をめぐる問題の根底には、この作品の字幕がセリフをそのまま書き起こしたものであるということが大きく関与している。セリフを単純に文字化した字幕は当然のことながら膨大な文字数になる。しかもそれが話術に依拠したテンポの速い漫才ともなれば、矢継ぎ早に表示される字幕を読むだけでも相当の労力を要する。だからといって、言葉の一つ一つが直接的な笑いの源泉になりうる漫才の特性上、その発話内容を意訳することは不可能に近い。また、字幕の表示方法にも課題は見受けられる。音声によって視聴する場合には、一語一語の発話が時間的な経過をもってなされるのに対して、字幕によって視聴する場合には、一文がいっぺんに表示されるため複数の語彙を同時に知覚することになるのである。そのような字幕表示は笑いの鍵となる「フリ」と「オチ」の関係をなし崩しにする、つまり笑いを笑いとして翻訳することを困難にしてしまうともいえる。

字幕付与をめぐるもう一つの問題は、映像表示の方法に起因している。たとえば本作品（とくに漫才）では、二人の演者のどちらか一方を被写体としたバストショットを中心としながら、会話の進行にあわせて人物が交互に切り替わるという手法が多用されている。ここで注意

図7−1 『サンドウィッチマン ライブツアー 2012』DVDパッケージ

したいのは、画面に映された人物と発話者（字幕内容の発言者）となる人物が必ずしも一致しないという点である。たとえ映像と音声にずれがあったとしても、声質などを手がかりにすれば発話者を特定することは容易であるが、文字表記のみによって字幕内容の発言者を特定することは難しい。また、観客の笑い声が字幕化されていない点も、お笑いコンテンツをたのしむという意味では大きく影響するだろう。なぜならば、観客の笑い声は「笑いどころ」を提示する一つの参照項になりうるからである。音声を消して字幕のみによって視聴すればすぐに気がつくことだが、これらの点は一般的な「映像の文法」が音声による情報補足を前提に構成されたものであることを示唆するのである。

第2節　意味解釈をめぐる問題

すでに確認してきたように、『サンドウィッチマン ライブツアー 2012』における字幕付与は画期的な試みであるものの、文字表記や映像表示をめぐる技術的な制約によって課題をはらんでいた。それはアクセシビリティの一義的な目的である「情報にアクセスする」という段階で、字幕付与がすでにいくつかのハードルを抱えていることを示している。しかし、たとえそれらの問題が改善されたとしても、その向こう側には、さらに意味解釈をめぐる問題が横たわっていることに目を向けなければならない。つまり、社会的・文化的コードの差異が意味解釈上の障壁になりうるという点を考慮しなければ、広義の意味でのアクセシビリティを実現することは難しいのである。

たとえば発音をめぐる問題はその最たる例であろう。この作品には、同音異義語やセリフの言い回しを対象とした、音の類似性にもとづく笑いが数多く含まれている。あるいは日常的な場面においても、そのような手法は音声会話によってコミュニケーションをおこなう聴者にとってごくあたりまえのことかもしれない。しかし音を介さずにコミュニケーションをおこなう聴覚障害者にとっては、そもそも発音という概念自体に説明を要するかもしれないし、それは単に音声を文字化しただけでは解消しえないだろう。

言葉の意味についても同様のことがいえる。すなわち、字幕が音声を忠実に書き起こしたものであっても、ある特定の言葉がそもそも聴者と聴覚障害者（ろう者）のあいだでは異なる意味に解されるような場合である。この作品に頻出する例でいえば、たとえば「すいません」や「ちょっと」などの表現をあげておくことができる。聴者はしばしば「すいません」という表現を呼びかけの意味で用いるが、ろう者にとってそれは謝罪の意味しかもちえない。また、聴者が明言を避けるために用いる「ちょっと（わからない）」といった表現も、ろう者にとってはあくまで強弱の程度として捉えられることで、「ちょっとわからない」＝「少しわからない」＝「大部分はわかる」と解釈される可能性もある（関西手話カレッジ 2009）。

さらに、話の状況設定そのものが聴覚障害者にとって理解しにくい文脈であるといった問題点も指摘できる。この漫才では、救急車を呼ぶための電話応対が中心的な話題とされているが（図7－2）、お笑いに限らずとも、電話でのやりとりを描写した場面はさまざまな映像コンテンツのなかに認められる。しかし日常生活のなかで電話を使用しない聴覚障害者にとって、そこで展開される場景は馴染みのないものであろう。スーザン・D・ラザフォードが指摘するよ

図7－2　救急車を呼ぶシーン

うに、「電話」とはまさに「聴者」の象徴であり、それはときに「ステレオタイプ化された聴者像」として利用されることさえあるという（ラザフォード 2001：121）。

このような問題点に思い至るとき、私たちは情報アクセシビリティをもっと多角的に考える必要に迫られる。アクセシビリティの達成とは、単に情報にアクセスできるようにすればよいというわけではない、アクセスにともなうメッセージの意味解釈までを射程に含むものなのである。

第3節　情報アクセスをめぐる非対称的な関係

お笑いコンテンツにおける字幕付与の事例は、映像技術がいかに聴者による視聴を前提として構成されたものであるのかを、あるいは、お笑いの内容そのものがいかに聴者社会を前提として構成されたものであるのかを、如実に反映していた。しかし私たちは、ここでより重要な視点――そもそもなぜアクセシビリティが障害者の側にばかり課せられているのか、ということに気づかなければならない。

その答えは簡単だ。現代社会に溢れる情報の大多数が、健常者中心の様相をもつからである。さらにいえば、社会のありようそのものが健常者中心の構造になっているからである。つまり、（多くの情報が）「ともすれば音声言語を中心とする社会からろう者たちのコミュニティのなかに一方的に流れ込むだけというような状況」が起きているのである（全日本ろうあ連盟 2011：35）。そこには明らかに、主流な情報形態とそのアクセスをめぐる聴者と聴覚障害者のあいだの非対称的な関係が認められる。これは同時に、聴者の文化と聴覚障害者（ろう者）の文化が非対称的な扱いを受けてきたということを示唆してもいる。

このような状況に対して、「ろう文化宣言」は別の視点を提起する。そこでは、「ろう」を障害ではなく文化という側面から捉えること――「ろう者とは、日本手話という、日本語とは異なる言語を話す、言語的少数者」であり、「デフ・コミュニティーは、耳が聞こえないことによってではなく、言語（手話）と文化（deaf culture：ろう文化）を共有することによって成り立つ社会」である――が要請されているのである（木村・市田 2000）。このような視点に立つのであれば、先にあげたお笑いコンテンツにおける字幕付与の問題は文化的コードの差異に起因するものであったと考えることもできる。

第4節　アクセシビリティの対象は誰か

アクセシビリティがしばしば「高齢者や障害者を含む多くの人々が不自由なく情報を得られるようにすること」と理解されるように、情報の発信や受信を不自由なくおこなうことができると感じている人びとは自らをアクセシビリティの対象者として意識する機会は少ないかもしれない。しかし、その前提となる文化の不均衡な関係を問い直そうとするのであれば、同時に、アクセシビリティの対象者が誰なのかということも問い直さなければならない。

たとえばここで、情報アクセスをめぐる聴者とろう者の非対称的な関係を攪乱させるような、興味深い一つの事例をみてみよう。それが、ろう者と聴者からなるコンビ「ぷ～&み～」による「手話漫才」なる試みである。音声言語による会話だけで展開されていく一般的な漫才とは異なり、手話漫才では手話と音声言語の両方が用いられる。すなわち、「ろう者は「手話」

で、聴者は「声」で理解できる。ろう者も聴者も一緒に笑える」ということが企図されているのである。

手話漫才における情報提示の方法は、聴者とろう者双方のアクセスを可能にするという点で、アクセシビリティを有していると考えることができる。しかしより重要な点は、手話漫才が扱うテーマにある。そこでは「手話と話しことばの溝」、言い換えれば、「ろう者と聴者のあいだに生じるコミュニケーションの齟齬」がテーマとされている。つまり手話漫才は、先述したお笑いの字幕化が抱えていたような文化的コードの差異という問題そのものを照射しようとしているのである。それはまさに、聴者の側にもアクセスを求めることによって、これまで聴覚障害者の側にのみに課せられてきたアクセシビリティの不均衡なあり方に疑義を呈する試みであるといえよう。

小括

本章ではお笑いコンテンツをめぐる字幕付与の事例をつうじて、情報アクセシビリティが抱えるいくつかの課題について検討してきた。それらの課題は情報提示の技術的な方法に起因するだけではなく、文化的コードを前提としたメッセージの意味解釈の差異に起因するものでもあった。そこでみえてきたことは、アクセシビリティが単純なアクセスの可否を問うものではなく、アクセスするという行為にともなう解釈の多義性や、その背景にある文化の多様性までをも考慮に含むものでなければならないという点である。

他方で、アクセシビリティの実行はアクセス手段がいかなるものであるのかということを抜きにして考えることはできない。それは、アクセス手段がアクセシビリティにともなう意味解釈を何らかの形で規定しうるかもしれないということを含意してもいるが、もっと単純に、あるアクセス手段を用いるということがその利用者の体験的行為を規定するからである。たとえば昨今、アクセシビリティの手段の一つとして、スマートフォンと連動したサービスが実施されている。舞台鑑賞などの場面で音声情報を好きな言語に（外国人観光客であれば日本語音声を別の言語に、聴覚障害者であれば日本語音声を日本語字幕に）翻訳できるサービスなどは、一つのシステムを利用者の個別的な状況に応じて展開できるという汎用性や、スマートフォンという持ち運び可能なデバイスによっていつでも手軽に利用できるという利便性を有している。たしかにそのようなアクセス手段はアクセシビリティの実現を高めるだろう。

しかし、実際の舞台鑑賞中にこのようなアクセス手段を利用するには、一定の覚悟が必要かもしれない。暗転した客席でスマートフォンの画面を煌々と光らせる行為は、周りの人びとからどのようなまなざしを差し向けられるだろうか。あるいは手元の画面と客席のあいだで視線を往復させることは、鑑賞行為をどのようなものとして体験させるのだろうか。本章で論じてきたアクセシビリティをめぐる意味解釈の問題が「アクセスの向こう側」を照射する視点であったとするならば、アクセス手段をめぐる問題は「アクセスの手前側」を照射する視点であるといってもよい。アクセシビリティがメッセージの解釈行為をともなうものであることを考慮するのと同様に、アクセスをめぐる行為自体がある種のメッセージ性を帯びたり、解釈の対象となりうることについても、私たちは自覚的であるべきなのかもしれない。

いずれにせよ、アクセシビリティとは情報取得という一点だけによって成し遂げられるわけではない。情報に接触するということは、その前後にひろがる意味世界に対峙するということ

なのである。　（塙幸枝）

○引用・参考文献

新井孝昭（2000）「「言語エリート主義」を問う――「ろう文化宣言」批判を通して」現代思想編集部編『ろう文化』青土社、64-68頁

岩渕功一（2010）「多文化社会・日本における〈文化〉の問い」岩渕功一編『多文化社会の〈文化〉を問う――共生／コミュニティ／メディア』青弓社、9-34頁

上農正剛（2000）「ろう・中途失聴・難聴――その差異と基本的問題」現代思想編集部編『ろう文化』青土社、52-57頁

関西手話カレッジ編著（2009）『ろう者のトリセツ聴者のトリセツ――ろう者と聴者の言葉のズレ』星湖舎

木村晴美＋市田泰弘（2000）「ろう文化宣言――言語的少数者としてのろう者（再録）」現代思想編集部編『ろう文化』青土社、8-17頁

澁谷智子（2009）『コーダの世界――手話の文化と声の文化』医学書院

関川芳孝（2002）「情報アクセスの権利と政策」河野正輝＋関川芳孝編『講座　障害をもつ人の人権①』有斐閣、158-168頁

全日本ろうあ連盟（2011）「聴覚障害者の情報アクセスに関するガイドライン」

生瀬克己（2000）『共生社会の現実と障害者――二一世紀を生きる障害者のために』明石書店

ビエンヴニュ、M・J・（2000）「デフ・ユーモア」鵜野ひろ子訳、現代思想編集部編『ろう文化』青土社、195-199頁

堀正嗣編（2012）『共生の障害学――排除と隔離を超えて』明石書店

ラザフォード、スーザン・D（2001）「〈ろう〉者には面白くても、聴者には面白くない」鈴木清史＋酒井信雄＋太田憲男訳、シャーマン・ウィルコックス編『アメリカのろう文化』明石書店、103-133頁

第8章　いかにして子供たちはコンテンツ文化に入っていくのか
——YouTube上の幼児向け動画を題材として

第1節　導入的なコンテンツとしての幼児向け動画

マンガ、アニメ、映画、ドラマ、ゲームなど、現代人の日常には多種多様なコンテンツがあふれているが、そもそも幼少期の経験を思い返してみたとき、私たちはいつ頃からそれらのコンテンツと接触しているのだろうか。はじめてマンガを読む、はじめてアニメをみる、はじめてゲームをプレイする——そういった個々の表現媒体、あるいはメディウムとの最初の出会いを、なんとなく覚えているように感じる人もいるかもしれない。その一方で、知らぬ間に、それらと慣れ親しむようになっていた、と感じる人も多いだろう。

マンガを例に考えてみるならば、私たちはそれを生まれながらにして、すなわち〝生得的〟に読解できるわけではない。小山昌宏の言葉を借りれば、「視覚言語特性に優れるメディアたるマンガは、コミュニケーション機能を果たす言語と物語進行の水準を司る絵（画）を「吹き出し」「コマ」により統制している」（小山 2016：110）とも説明されるが、それはさまざまな要素の複合によって成立する表現形式であり、複雑なコードによって織りなされた文化的構築物でもある。もちろんマンガは映像的な要素が中心であり、言語記号によって織りなされる書物と比べて読みやすいため、あたかも「自然に読めるようになった」と感じる人も少なくないかもしれないが、あくまでも、その読解能力は文化的な水準での「学習」による所産なのである。

マンガ研究者の吉村和真は、その読解力が形成される過程に着眼している。というのも彼は、月刊学習誌――小学館が刊行する『めばえ』『小学一年生』『小学六年生』など――をとりあげ、それらに収録された子供向けのマンガ作品が「マンガ・リテラシー」、すなわちマンガを読み解く能力を獲得するための入口として機能していると指摘するのである。たしかに、この種の媒体に掲載された作品では、たとえば「読む順番を迷わないように、すべてのコマごとに番号をつけて、初めてのコミックスでもスラスラ読みこなせます」などの、マンガ初心者向けの配慮がなされている（吉村 2007：10）。私たちは知らず知らずのうちに、幼少期からそのような子供向けのコンテンツに触れることで、無自覚なままに〝マンガの文法〟を理解し、〝マンガのリテラシー〟を獲得しているのであって、それらを生得的・本能的にそなえているわけではないのだ。

ちなみに「リテラシー」[1]という語は、もともとは文字を書いたり読んだりする能力、すなわち「識字能力」を意味していたはずだが、昨今たとえば「デジタル・リテラシー」や「コンピュータ・リテラシー」などのように、多メディア社会の進展にともない、さまざまな語と組みあわされて概念化される傾向にある。時代を遡ってみると、ヨハネス・グーテンベルクが一五世紀に活版印刷術を発明して以降、人びとが世界の仕組みを把握しようとすれば、おもに本を読んでそれを理解するのが主流だったはずである。それが一九世紀から現在へと至るまで、写真、映画、テレビ、インターネットなどさまざまなメディウムが台頭し、さらに昨今では、スマートフォンやタブレット端末を含め、各種のデジタルメディアが日常生活に浸透しつつあ

（1）水越伸は当該概念について、次のように指摘している――「リテラシー（literacy）とはもともと、文字の「読み書きができること」、識字力を意味している。文字は人類が生み出したもっとも古いメディアの一つだ。それは古くは粘土板に刻みつけられたり、木片に塗られたりする物質的な手触りを持った記号の体系だった。その文字をめぐる能力や活動のことを意味するリテラシーを、情報社会にあふれるさまざまなメディアに応用し、比喩的に用いたのがメディア・リテラシーという言葉なのである」（水越 2005：99）。

る。私たちは、ある事件のニュースをチェックするために、テレビをみるかもしれないし、新聞を読むかもしれないし、ヤフーニュースを閲覧するかもしれないし、Twitterをひらくかもしれない。そのような、みずからの意志で選択しうる〝情報の窓〟が無数に存在する状況のなかで、個々のメディウムが人びとに対してそれらの運用能力を、換言すれば、個別の「リテラシー」を要求する時代になりつつある、といえるかもしれない（「マンガ・リテラシー」もその一つであろうし、また、吉村による概念化の延長線上でいえば、「アニメ・リテラシー」や「ゲーム・リテラシー」といった概念も想定しうるだろう）。

ともあれ吉村の言説が示唆するように、私たちがマンガを自在に読みこなすことができるのは、幼少期にそのためのリテラシーを獲得するための期間、あるいは、その起点となった経験が存在したからである。それと比較するならば、やはりアニメや映画、ゲームに関しても同様の導入段階が随伴していたと考えられるが、本章では幼児期におけるコンテンツ受容の今日的な端緒を提供するものとして、YouTubeで視聴可能な子供向けの動画――とくに、おもちゃアニメ「アニメキッズ♥ANIMEkids」のチャンネル(2)にアップロードされたそれ――を分析の俎上に載せてみたい。この種の幼児向けコンテンツを題材とすることで、子供たちがいかにしてコンテンツ文化に入っていくのか、その導入をめぐる現代的な様態について考察を深化させることができるはずである。

第2節　YouTubeにおける幼児向け動画

育児経験をもつ人であれば視聴したことがある人も多いのではないだろうか。二〇一八年現

(2) https://www.youtube.com/channel/UCoYoIYQQyNzUUDm9Gy-qXFA（最終閲覧日：2018.4.10）

(3) 二〇一八年三月一日付の『朝日新聞』デジタルの記事によると、「内閣府が設置する有識者の「青少年インターネット環境の整備等に関する検討会」は二八日、政府への提言を盛り込んだ報告書案を大筋で了承した。親が子育て中の乳幼児にスマホで遊ばせる「スマホ育児」などネット利用者の低年齢化を踏まえ、乳幼児の保護者に対する啓発活動の重要性を強調する内容となっている」と解説される（https://www.asahi.com/articles/DA3S13381455.html?ref=chiezou　最終閲覧日：2018.4.10）。

(4) 近年、企業はつねに顧客になりうる人びとの注意をひこうと互いに競いあっており、その限りにおいて、ターゲティング広告をつうじた「アテンション・エコノミー」（注意の経済）が話題の俎上にのぼることも多い。谷島貫太はベルナール・スティグレールの「心権力」概念を援用しながらその問題に論及しているが、彼はス

在、YouTube上には幼児向けの動画が多数アップロードされている。いわゆる「ユーチューバー」なるクリエイターが独自に、二次創作的に制作し、しばしば「スマホ育児」の一因として批判されもするそれらのコンテンツは、評価をめぐっては賛否あるものの、親世代にとってはたとえば家事中、子供の注意を引きつける頼もしいツールにもなりうる。[3]「アテンション・エコノミー」[4]という観点からすれば、このような動画は子供たちのアテンション（注意）を引きつける力をもち、それゆえに、親たちのアテンションを引きつけてアクセス数を稼ぐことができるコンテンツとして機能しうる。

「スマホ育児」に関して補足しておくと、実際に「目や健康に悪い」「夢中になりすぎる」「長時間の視聴や使用が続く」「インターネットでの有料サイトや危ないサイトにアクセスする可能性がある」「大きくなったとき、依存しないか心配」など、そのネガティヴな影響[5]が懸念されるなか、ベネッセ教育総合研究所が実施したアンケート調査「第二回 乳幼児の親子のメディア活用調査レポート［二〇一八年］」（図8-1）によると、二歳児のじつに六割以上が一定時間、動画アプリ・ソフトと日

（%）

		0歳後半	1歳	2歳	3歳	4歳	5歳	6歳
動画アプリ・ソフト	0分	38.1	45.9	33.8	32.9	29.7	36.1	37.6
	15分未満	29.3	23.1	26.6	23.2	26.3	22.1	21.4
	15分～30分くらい	21.0	18.9	19.8	21.9	23.1	23.1	24.1
	1時間以上	11.8	12.2	19.8	22.0	20.9	18.8	16.8
写真アプリ・ソフト	0分	69.1	62.0	58.7	62.4	66.4	76.0	77.2
	15分未満	21.5	27.9	29.4	26.9	25.8	19.0	18.4
	15分～30分くらい	6.1	9.0	9.8	9.3	6.9	4.0	3.6
	1時間以上	3.5	1.1	2.1	1.4	0.9	0.9	0.8
ゲームアプリ・ソフト	0分	90.1	91.8	88.1	83.5	75.8	67.2	63.5
	15分未満	5.0	3.9	7.5	9.0	13.1	15.4	15.7
	15分～30分くらい	3.3	3.1	3.5	3.9	8.5	13.5	14.0
	1時間以上	1.8	1.2	0.9	3.4	2.5	3.7	6.9

図8-1　家庭におけるアプリ・ソフトの平日1日あたりの使用時間[6]

マートフォンなどのポータブルデバイスとの接触を前提として、次のような主張を展開している――「ユーザーのアクションは逐一ログを取られ、詳細なユーザー・プロファイルが作成される。どのようなインターフェイス、どのような刺激や情報のだし方が、よりユーザーの注意を引きつけつづけることができるのかについての方法論が蓄積されていくことによって、個々のユーザーの嗜好や傾向に即したかたちで、その意識の流れにより効率的に介入することができるようにもなる。心権力は、あらゆるテクノロジーを駆使して人々の意識の流れを捕捉し、広告モデルであれ課金モデルであれ、その捕捉された意識の流れを収益化していく」（谷島 2016：58）。

（5）https://www.asahi.com/articles/photo/AS20171121002045.html（最終閲覧日：2018.4.10）

（6）https://berd.benesse.jp/up_images/textarea/第1章乳幼児のメディア利用の実態6.pdf（最終閲覧日：2018.4.10）。

常的に接触していることがわかる。同図にある「写真アプリ・ソフト」「ゲームアプリ・ソフト」との接触時間を含めると、日々の生活のなかで相当な時間、スマートフォンと接触しているという子供も少なくないだろう。

むろん動画アプリ・ソフトといっても、そこにはさまざまなものが含まれうるわけだが、とくにYouTube経由で視聴可能なものでいえば、歌や音楽を聴かせるもの、英語学習を目的とするものなど、そのジャンルも多様である。それ以外にも、あるブログ[7]によると「キッズ向けチャンネル」のジャンルとして、「おもちゃ紹介動画」「ゲーム実況系動画」「おかし系動画」「絵本読み聞かせ動画」「キャラクターショー系動画」などが紹介されている[8]。本章でとりあげる「アニメキッズ♥ANIMEkids」の動画は、おもちゃ遊び系のものになるので、このカテゴライズでいえば「おもちゃ紹介動画」に分類されるはずである。

第3節　事例その1――「ジャムおじさんのやきたてパン工場」

さて、それでは本章での具体的な分析対象として、二〇一八年四月一〇日の時点で一二万三三五九名の登録者を擁する当チャンネルのコンテンツのうち二本の動画――①「アンパンマンアニメ　おもちゃ　ジャムおじさんのパン工場　かまどでやこう♪　ジャムおじさんのやきたてパン工場♥アニメキッズ」[9]および②「メルちゃん　おもちゃ　アニメ　果物でジュースをつくろう♪　フルーツジュース　ミキサー♥アニメキッズ」[10]――を紹介しておこう。

まず①の動画だが、これはセガトイズによって二〇一八年三月一日に発売された子供向け玩具「かまどでやこう♪　ジャムおじさんのやきたてパン工場」を使用して制作されたもので

(7) http://kumapapa.xyz/anpanman-youtube-397（最終閲覧日：2018.4.10）

(8) 付言しておくと、一見してキッズ向けのコンテンツのように装いつつも、暴力や虐待、排泄のシーンを表象する残虐な動画が含まれ、それを視聴した子供たちがショックを受ける、というケースも報告されている。このような動画は「エルサゲート」と呼ばれることもある（https://www.oricon.co.jp/article/389859/　最終閲覧日：2018.4.10）。

(9) https://www.youtube.com/watch?v=RU4myYDEoOI&index=2&list=PLCtL2gw7zk8KIOVW0d4OGPpJT5SNJEIxg&t=0s（最終閲覧日：2018.4.10）

(10) https://www.youtube.com/watch?v=CsmEjKAvk8Q&t=88s（最終閲覧日：2018.4.10）

ある（図8－2a）。玩具発売の一カ月後、二〇一八年四月九日にYouTubeで公開された一四分一六秒の動画であるが、そのタイトルが示唆するように、前記の玩具、および庭や青空を描いた書割を背景として、アンパンマンが各種のパンを焼きあげる、そして、それらのパンが店舗にならび、それを食べるといったゆるやかな物語展開が組み込まれている。いかにも子供が好きそうなキャラクターやテーマ性、あるいは物語性をおびた作品である。

「アンパンマン」といっても、日本テレビで毎週金曜日の朝に放送されるアニメの話ではない。ユーチューバーによって製作されたその種の動画に登場するのはあくまでも玩具の人形なので、それや小道具を操る制作スタッフの手が画面の右下、あるいは左下から伸びている。視点は固定されており、場面の切り替えは多くない。限定された視点および視野のなかで、語り手のナレーション、セリフ、効果音、BGMなどの聴覚的な要素によって物語がおもに進行していくことになる（セリフという面では、「もぐもぐ」や「おいしー」のような、子供にとって理解しやすい表現が多用される傾向にある）。いうなれば、YouTube上で閲覧可能な、新種の〝人形劇〟といった印象である。

ちなみに本作品は、二重の意味で「商業的」だといえる。というのも、まず第一に、この動画にはところどころ広告が挿入されている。それは前記の動画であれば六回にわたり、おもちゃ遊びの動画が突如として切り替わり、スポンサー企業による広告が流れはじめる。もともと、この種のコンテンツは物語性という点では希薄なようにも感じられるが、何の前触れもなくCM動画に移行すると、それまでの流れが切断されて、大人がみる限りにおいては相当な違和感が生じる（比較するならば、テレビ番組の視聴に際して、区切りのよいところでCMを提示されるのとはまったく異なる体験である）。

図8－2a　人形や小道具を操る制作スタッフの手

第二に、それはセガトイズが発売した玩具の紹介という体裁で制作されている限りにおいて「商業的」である。実際に前記の玩具でいうと、発売からほどなくして、それと関連する無数の動画がYouTube上にアップロードされている（図8-2b）。なお、同図左上のものは、セガトイズによる公式CMであり、それと二次創作的な動画が並列されていることになる。

第3節　事例その2――「メルちゃん　果物でジュースをつくろう♪」

もう一本、別の動画をとりあげておきたい。題材として論及したいのは②の「メルちゃん おもちゃ アニメ 果物でジュースをつくろう♪ フルーツジュース ミキサー♥アニメキッズ」[12]だが、こちらのほうは二〇一八年四月八日に公開され、その三日後にあたる一一日の段階で、すでに二万九六七九回の視聴回数を稼いだ動画である（図8-3a）。そのテーマはタイトルが示すように、PILOT INKが発売する人形「メルちゃん」を主人公として、イチゴジュースやバナナジュースなど、玩具のミキサーでフルーツジュースをつくる、という設定である。

動画の長さは一四分五六秒であるが、大きく三つのパートにわかれている。最初の第一パートは、メルちゃんがジュースをつくってそれを試飲する、という内容である。第二パート（図8-3b）は、なぜか唐突に主人公が切り替わり、アンパンマンが鮮やかな色の液体（紫、緑、ピンク、黄、青）

図8-2b　同一の玩具をもとに製作されたYouTube動画[11]

図8-3a　メルちゃんを主人公とするおもちゃ遊び動画

図8-3b　動画における5色のコーラ

をおさめた五本のペットボトルを前にして、「あれれ、こんなところに、いろんな色のコーラがある」と語り、その後、それぞれのペットボトルの液体を開け、そのなかから何かを探し出す、という内容のものである。つづく第三パートは、アンパンマン（の人形）がアンパンマンのパズルを完成させる、という内容のものになっている。

こちらのほうも、首を傾げたくなる箇所がいろいろと含まれる作品である。前記三つのパートはそれぞれ連続性がないし、タイトルが示唆するように「メルちゃん」が主人公と思いきや、第二パートにはいるとそれが「アンパンマン」へと切り替わる（異なる虚構世界の〝住民〟であるはずの両者が同一コンテンツのなかに共存しているわけである）。また、「いろんな色のコーラがある」との語りがなされるが、そもそも二〇一八年現在、そのような色のコーラは発売されていない（もちろんこれら五色のコーラは模造品である）。

商業性という点からいえば、この動画はメルちゃんとアンパンマンの人形、およびアンパンマンのパズルをもちいたコンテンツであり、それらの商品に対する子供たちの欲望を喚起する機能はあるかもしれない。しかし他方で、その世界観には統一感が欠けており、また製品としての玩具の紹介という体裁をとりつつも、他の製品であるコカ・コーラの扱いに目をむければ、到底そのブランドイメー

（11）「かまどでやこう♪ジャムおじさんのやきたてパン工場」をもとに製作されたYouTube動画だが、図8-2bにあるものはほんの一握りで、じっさいの数はもっと多い（https://search.yahoo.co.jp/video/search?ei=UTF-8&p=%E3%81%8B%E3%81%BE%E3%81%A9%E3%81%A7%E3%82%84%E3%81%93%E3%81%86%E2%99%AA%E3%82%B8%E3%83%A3%E3%83%A0%E3%81%8A%E3%81%98%E3%81%95%E3%82%93%E3%81%AE%E3%82%84%E3%81%8D%E3%81%9F%E3%81%A6%E3%83%91%E3%83%B3%E5%B7%A5%E5%A0%B4　最終閲覧日：2018.4.15）。

（12）https://www.youtube.com/watch?v=CsmEjKAvk8Q（最終閲覧日：2018.4.10）

ジを尊重しているようには思われない。

第5節　間コンテンツ的なユーザー生成コンテンツとしてのおもちゃ遊び動画

前節では、おもちゃアニメ「アニメキッズ♥ANIMEkids」のチャンネルにアップロードされた二本のおもちゃ遊び動画を分析の俎上に載せた。YouTubeにおいて「アンパンマン」と検索すれば、公式のアニメではなく、これらの二次創作的な動画が無数にヒットする。これらを、私たちはどのように理解すればよいのだろうか。

筆者自身はじめてこの種の「アンパンマン動画」を視聴した際、それらをどのように位置づけたらよいのかわからず困惑した、というのが正直なところである。アニメ版のアンパンマンが培ってきた既存のイメージを流用したそれらは、先ほど述べたように、新しいタイプの「人形劇」のようにもみえるし、また、幼児がおこなう「ごっこ遊び」のシミュレーションのようにもみえる。事実それらは、玩具をもちいた「人形劇」としての性格をもちながら、他方では「ごっご遊び」との関係において位置づけたほうが妥当かもしれない。

あらためて図8-2aの画面構成を再確認しておくと、それらはまさに幼児の一人称的な視点から遂行される「ごっこ遊び」を再現=模倣したもののようにも捉えうる。画面の下部から伸びる制作スタッフの手は、「ごっこ遊び」をする幼児の手の代理物のようでもあり、さらに、そこに製作スタッフが付したナレーションやセリフは、幼児の「独り言」のようでもある。そう考えてみると、本章でとりあげたおもちゃ遊び動画は、「アンパンマン世界」と「ごっこ遊び世界」を二重にシミュレートした両義的な、あるいはハイブリッドなコンテンツとして把捉しうる。

本章では、アンパンマン（の人形）が登場するおもちゃ遊び系の YouTube 動画をとりあげたが、それもまた「CGM」[13]（消費者生成メディア）あるいは「UGC」[14]（ユーザー生成コンテンツ）の一例として理解することが可能だろう。ある見方をすれば、それらは「ブリコラージュ的」、すなわち、ありあわせの手段・道具を寄せ集めて制作された「器用仕事」の産物であり、また、別の見方をすれば、さまざまな先行コンテンツの参照や引用を意識した二次創作的な産物である限りにおいて、「間コンテンツ的」である、ともいえよう。つまり先述の事例でいえば、YouTube のおもちゃ遊び動画は玩具というモノ、あるいは、アンパンマンやメルちゃんというキャラクターやそれを基軸とする作品世界など、いくつかのコンテンツの参照を前提として、その間隙で成立する「間コンテンツ的」な産物だといえるのである。

(13) CGM　八七頁参照。

(14) UGC　八七頁参照。

第6節　コンテンツがたちあげる「満足の主体」

一般的にいって、子供は手許にある複数の玩具を組みあわせて「ごっこ遊び」をおこなう。そのイマジネーションのなかでは、アンパンマンとメルちゃんという異質な世界のキャラクターが出会うこともありうるだろう。だが本章でとりあげた YouTube 動画は、子供による遊びの産物というよりも、むしろ子供たちの想像力に寄り添いながら、大人たちがそれをシミュレートした模倣的な産物である。したがって、どのようなキャラクター、ストーリー、ナレーションを組み合わせるかという判断は、いかに視聴回数を稼ぐかという達成課題のもとで、大人たちが選択したことの帰結ということになる。むろん幼児が動画を視聴する際、そのような大人＝制作者の意図を意識することは基本的にはないだろう。では、みずからの手で直接的に「ごっこ遊び」を遂行しているわけではないにもかかわらず、CGMともUGCとも称されるYouTube動画によって、幼児の意識に「ごっこ遊び」の疑似体験が形成されるとき、そのような「非直接的消費」によって何が生じているのだろうか。

おもちゃ遊び動画が間接的に生成しているのは、幼児が欲望する「視点」である（しかもそれはクリエイターが幼児の欲望を先取りしようとして設計されたものである）。魅力的な玩具、そして好きなキャラクターを主人公とする「ごっこ遊び」が当該動画によって、幼児の一人称的な視点、あるいは主観ショット的な視空間に依拠して演じられることで、幼児はその視点を引き寄せるために、親に玩具をねだり、その動画にあった「ごっこ遊び」を反復的にシミュレートしようと欲する。ようするに、おもちゃ遊び動画が表象する体験は、既述のように、もともとは「アンパンマン世界／ごっこ遊び世界のシミュレーション」として位置づけうるが、幼児はその基点となる視点を欲望することにより、そのシミュレーションの営為を改めてシミュレートしようと試行するわけである。

コンテンツの機能として「満足させ、楽しませる」（岡本 2016：4-5）という観点を勘案すれば、おもちゃ遊び動画の語り手の声はいかにも楽しそうである。そして、その声に支えられたおもちゃ遊び動画を視聴する幼児は、みずからが「ごっこ遊び」を遂行しているわけではないにもかかわらず、その声につられて楽しい気分を味わうのだろう。つまり、おもちゃ遊び動画によって幼児が「満足（content）の主体」として再構成されるとするなら、その前提には、クリエイターが設計した主観的な視点を、幼児がみずからの視点と混同するというプロセスが介在していると考えられる。ここでは商業的な意図のもとで演じられた大人の「楽しそうな声」

が、幼児みずからの「楽しい声」として再編されることになるのだ。このように「間コンテンツ的」なコンテンツであるおもちゃ遊び動画は、幼児に「非直接的消費」の体験をもたらし、彼／女を「満足（content）の主体」として陶冶することになる。そして、そのような「非直接的体験」にもとづく構図は、ゲーム実況動画の受容体験などを含め、現代的なメディア環境のいたるところで散見されるものといえるのではないだろうか。

「満足」する主体の位置――小括

小池隆太は「アニメーションのインターテクスチュアリティ」と題された論考のなかで次のような主張を展開している。

> 現代の日本のメディア環境において、個々の作品に関しての評価や感想の一部に「引用」「オマージュ」「パロディ」、あるいは「盗用」「パクリ」という語が批評を専門とする者だけではなく一般にも散見されるようになっている。インターネットの普及にともなって、従来であれば簡単に参照されることのなかったような作品相互の類似性や類縁性あるいは「模倣」の関係が、より明確に理解されるようになった、ということであろう。（小池 2018 : 87）

彼はジュリア・クリステヴァやロラン・バルトの言説をふまえながら、アニメーションにおける作品間の相互参照性、すなわち「インターテクスチュアリティ」（間テクスト性）について論じている。「引用」「オマージュ」「パロディ」「盗用」「パクリ」を含めた間テクスト性、あるいは、本章で言及した「間コンテンツ性」は、現代文化のさまざまな局面で意識される傾向にあるし、その原因としては、小池が指摘したインターネットの普及もあるといえよう。

本章ではまず冒頭で、現代における「リテラシー」概念の多様化を考察するために、吉村和真が提唱する「マンガ・リテラシー」をとりあげていた。さらに昨今では、みずからの意志で選択しうる〝情報の窓〟が無数に存在する状況のなかで、個々のメディウムが人びとに対してそれらの運用能力を、換言すれば、個別の「リテラシー」を要求する時代になりつつある、と指摘した。

吉村はマンガ・リテラシー獲得の機会を提供するものとして子供向けのコンテンツ、すなわち月間学習誌をとりあげた。比較すると現代においては、個々のメディウムにともなう固有のリテラシーというよりも、むしろ各種のメディウムの間隙で生成されるCGMあるいはUGCと呼ばれる新種のコンテンツによって、間テクスト的な、あるいは、本章でいう「間コンテンツ的」なリテラシーが要請される時代になりつつある、といえるかもしれない。デジタルメディアの時代では、しばしば個々のメディウムの輪郭が曖昧化するとも指摘されるが、デジタル技術を前提としたポストメディウム的状況にあって、コンテンツ文化におけるリテラシーの様態は、従来よりもはるかに錯綜したものとなりつつあるように感じられる。

（松本健太郎）

○引用・参考文献

岡本健（2016）「メディアの発達と新たなメディア・コンテンツ論」岡本健＋遠藤英樹編『メディア・コンテンツ論』ナカニシヤ出版、3-20頁小池隆太（2018）「アニメーションのインターテクスチュアリティ」高馬京子＋松本健太郎編『越境する文化・コンテンツ・想像力――トランスナショナル化するポピュラー・カルチャー』ナカニシヤ出版、87-97頁
小山昌宏（2016）「マンガ表現論の「歴史」とその展望」小山昌宏＋玉川博章＋小池隆太編『マンガ研究13講』水声社、108-148頁
谷島貫太（2016）「第二章 ベルナール・スティグレールの「心権力」の概念――産業的資源としての「意識」をめぐる諸問題について」松本健太郎編『理論で読むメディア文化――「今」を理解するためのリテラシー』新曜社、45-61頁
水越伸（2005）『メディア・ビオトープ』紀伊國屋書店
吉村和真（2007）「マンガ――その無自覚なまでの習得過程と影響力」葉口英子＋河田学＋ウスビ・サコ編『知のリテラシー　文化』ナカニシヤ出版、1-24頁

第9章　アイドル文化をめぐるコンテンツの多層性
──「〈推し〉／私／私たち」の「関係性」がコンテンツ化されるとき

第1節　ソーシャルメディアにおけるコンテンツ受容

現在のメディア状況において、アイドル文化をめぐるファンの活動は多岐にわたる。ファン活動の基盤には、〈推し〉[1]の情報や動向を継続的に追うことが求められるといえようが、いまや、それはかならずしも「雑誌」や「テレビ番組」や「ライブＤＶＤ」のようなパッケージ化されたコンテンツを消費することにとどまらない。ファン活動の傍らにはいつもスマートフォンがあって、ＳＮＳを開けば、検索ワードやハッシュタグによって紐づけられた断片的な情報が際限なく流れ込んでくる。この断片的な情報には、じつに雑多なものが含まれている。たとえばInstagramであれば、もともとはパッケージ化されたコンテンツであったはずの映像の一場面や雑誌の一カットから、ファンが創作したイラストや小説、〈推し〉のうちわを持ったファンの自撮り画像、はたまた〈推し〉のアクリルスタンドが並べられたカフェの風景まで、さまざまな内容が関連情報として並置されている[2]。

このような状況下では、一体何がコンテンツでありうるのか。それを考えるために、ここではまずコンテンツを捉えるためのいくつかの視点──すなわち、第一に「コンテンツとパッケージ」をめぐる視点、第二に「コンテンツの送り手と受け手」をめぐる視点、第三に「間コ

(1) 近年では幅広いジャンルにおいて「他の人にすすめたいほど気に入っている人や物」をさして使われるが、アイドル文化の文脈では主に「〈推し〉メン」（自分が応援するメンバー）を意味する。

(2) Instagramが写真投稿を中心としたＳＮＳである以上、それらのコンテンツは写真というメディア形態を纏っている（視覚表象において同一形態をもつ）が、その「中身」にはさまざまなメディアの要素が入り込んでいる。

ンテンツ性がもたらす現象」をめぐる視点――を概観したうえで、アイドル文化のコンテンツ状況が「関係性（コミュニケーション）のコンテンツ化」という視点に支えられたものである可能性を指摘したい。

コンテンツ（contents）とは、そもそもの語義から考えれば、「中身」や「内容」を指す言葉である。第一の「コンテンツとパッケージ」をめぐる視点をとおして確認しておきたいのは、この「中身」や「内容」がどのような形態で流通しうるのか、という点である。一般的には、コンテンツがいわゆる「作品」の単位として想定されることも多いだろう。というのも、ふつう「作品」と呼ばれるものは明確なパッケージに包まれているからである。加えて、従来であれば、そのパッケージはフィジカルな形態をもつことも多かった。それはひるがえって、「中身」や「内容」であるところのコンテンツがむきだしのままに存在することは難しく、何らかのパッケージを纏うことによりはじめて人びとに認知されうる、ということを示してもいるようにもみえる。このコンテンツ（中身）とパッケージ（外身）の関係について、福冨忠和は次のように指摘する。

コンテンツは「情報の内容」（情報材）であり、モノ（物財）と区別されていると考えられる。たとえば書籍、新聞、ビデオ、電子メディアなどパッケージコンテンツであれば、印刷物、磁気テープ、デジタル媒体など、情報を記録し、利用者に媒介するモノの部分は、本来コンテンツに含まれない。しかし情報の部分とモノの部分は、不可分に一体化したものとして流通しており、これらを担う産業においても、モノの製造や流通を元に成立しているため、コンテンツ（情報）のみの流通規模を取り出して市場を把握することは実際に

> は難しい。（福富 2007 : 8）

たしかに、とりわけ物理的な売買を前提としたコンテンツの市場では、このような「情報」と「モノ」の密着した関係をある程度は認めることができるだろう。しかし、既述のとおり、現在のコンテンツはそのような市場にとどまらず、ソーシャルメディアやサブスクリプション・サービスをはじめ、インターネット空間をベースとしたプラットフォームにも流通の場を拡大している。河島茂生はインターネットがもたらす「情報の脱物質化」について次のように述べている。

> インターネットはといえば、媒体の区分を崩し、媒体ごとの流通経路を半ば壊している。すなわち、映画は映画館で視聴され、音楽はＣＤで流通し、新聞は販売店を通じて頒布されるといった媒体ごとの縦割りの構造が変容して、映画であれ音楽であれ新聞記事であれ、インターネットを通じて流通するようになった。（河島 2014 : 18）

冒頭で述べたように、Instagram ではさまざまなアイドルコンテンツが（共通のハッシュタグによって紐づけられた情報であるという一点によってのみ）雑多に並置されうる。〈推し〉の名前を検索すれば（あるいはハッシュタグをクリックすれば）、ファンは無数の情報にアクセスできるが、その情報はきわめて断片的でもある。このときコンテンツはかつてのようなパッケージをもつとはいえず、コンテンツのインターフェイスはモノの形から情報化されたタグへと変化したと考えることもできる。

このようなコンテンツの流通状況は、第二の「コンテンツの送り手と受け手」をめぐる視点をとおして理解することもできる。かつてなら、アイドルコンテンツはプロの制作者によって発信されるものであって、ファンはそれをもっぱら消費する立場にあった。しかし、とりわけソーシャルメディアの存在によって、ファンはコンテンツの受け手の立場のみならず、アイドルコンテンツに乗じた二次的なコンテンツを産出し発信する立場をも担うことが可能になった。つまり、UCC[(3)]（User Created Contents）と呼ばれるコンテンツの形態においては、コンテンツの「作り手／受け手」はかつてのような単純な構図にはない、というわけである。さらに、金暻和によれば、UCCと同様に、あるいはそれ以上に、現在においてはUDC（User Distributed Contents）[(4)]と呼ばれるコンテンツが示す「情報の拡散という文脈」が重要性を増しているという（金 2021 : 37）。金が指摘するように、ソーシャルメディアでは常に流れていく多量の情報のなかで効率よく人びとの関心を引くために、感覚的でセンセーショナルな情報を拡散することが有効だとされる。

さて、UCCやUDCがコンテンツの「作り手／受け手」「発信者／受信者」といった関係を撹乱させるのであれば、当然、コンテンツを「作品」という単位でのみ想定することもできなくなってくる。ソーシャルメディアを含むインターネット環境がコンテンツのプラットフォームとしての役割を担ういま、そこに浮遊するコンテンツは必ずしも明確なパッケージをもって存在するわけではなく、より断片的な情報単位で受容されることもあれば、反対に、諸断片の集積からなる総体が一つのコンテンツ需要の単位になることもある。ここで把握しておくべきが、第三の「間コンテンツ性がもたらす現象」をめぐる視点である。井手口彰典は、「「コンテンツ＝中身」論の限界」として、自律的なコンテンツ観を超えた「間コンテンツ性」

(3) 利用者によって制作・発信されるコンテンツを指す。

(4) 利用者によって流布されるコンテンツを指す。

に注意を向ける。

どうやら昨今のコンテンツに対する評価は、ただその中身によって決定されるばかりでなく、周囲に事後的・派生的に生み出される他のコンテンツとの連続性によっても左右されることがある。もちろん、これまでのコンテンツ研究においても複数のコンテンツ間の影響関係や参照関係はしばしば重要な議論となってきた。だがそのような場合でも、各コンテンツの自律性は最低限（少なくとも「中身」のアナロジーと齟齬をきたさない程度に）信用されていたように思われる。しかし近年では、複数のコンテンツが互いの言及なしには議論しえないほど密接に結びつき、また個々の中身を超えた総体的なものとして認識されるような機会が明らかに増えてきている。（井手口 2016：51）

ここでの指摘が重要であるのは、現在のコンテンツが必ずしも明確で自律的な境界をもつわけではないことを示すと同時に、関連コンテンツの集積によってコンテンツが総体的な「現象」へと転じる状況を説明するからである[5]。

これらの視点をふまえつつ、本章ではアイドルコンテンツをめぐる一つの重要な論点、すなわち「関係性（コミュニケーション）[6]のコンテンツ化」という状況に目を向けてみたい。ここでいう「関係性」とは、たとえば〈推し〉と他メンバーの「尊い関係」とか「ライバル関係」というように、〈推し〉が誰かとの間に結ぶ人間関係を、ファンの目線から捉えた（名付けた）ものである。しかし本来、人と人のあいだに構築される関係性は目に見えるものではないし、一度結ばれた関係性もその時々で変化しうるものである。だから、関係性をコンテンツ化する

（5）そうした事例の一つとして、井手口はＡＫＢ48によるシングル曲「恋するフォーチュンクッキー」をめぐる一連の現象をあげている。この「恋チュン」は、それ単体のコンテンツとして存在するというよりも、そこから生まれた無数の派生動画（素人が原曲の振り付けを模して踊る動画）との関係によって社会的な認知度を得た。井手口は「〈恋チュン〉とは特定コンテンツの名称であるばかりでなく、無数のコンテンツの集合によって担われる「現象」の名前でもあるのだ」（井手口 2016：54）と指摘する。

（6）ここでコミュニケーション学における一つの視点を導入しておくと、コミュニケーションとは「関係性によって意味が構築されるプロセス」（池田 2010：11）であると定義することができる。これに従えば、本章が扱う「関係性のコンテンツ化」とは、言い換えれば、「コミュニケーションのコンテンツ化」をめぐる議論でもある。

というのはふつうに考えれば不可能であるはずなのだが、それをさまざまな形で言語的・非言語的に可視化することによって、アイドルをめぐる「関係性のコンテンツ化」は可能になるといえる。それは、井手口が指摘する「現象」といえるほど大きな動きではないものの、ごく狭いコミュニティ内（たとえば同じ〈推し〉のファン同士）では確実に共有されている。そしてこの「関係性」を取り沙汰する視点は、現在のアイドル文化を支える一つの主軸になっているとも考えられる。

第2節　コンテンツ化される「〈推し〉たちの関係性」

「〈推し〉が尊い」という言い回しは耳慣れた感もあるが、アイドルにまつわる情報を継続的に追跡していると、「〈推し〉と○○（メンバー間やメンバー外で〈推し〉と関係を結ぶ特定の誰か）の関係が尊い」といったファンの発言に頻繁に遭遇する。そこでの「尊さ」は、〈推し〉単独の存在に向けられるのではなく、あくまで「関係性」という尺度によって浮き彫りにされる。

アイドル雑誌『WiNK UP』[7]の企画「ベストコンビ大賞」は、「関係性のコンテンツ化」を考える出発点として、恰好の題材になるだろう。この企画は二〇一三年から実施され、ジャニーズアイドルの「ベストコンビ」（主に同じグループに所属するメンバーのコンビ）が、ファンの投票によってランキングされる。

注目すべきは、当企画にエントリーされるコンビに特有の愛称（コンビ名）が付与されている点である。たとえば「ベストコンビ大賞2021」ではアイドルグループSnow Manのメンバーである目黒蓮と向井康二が一位を獲得したが、当該誌面では彼らの名前の横に「めめこ

（7）一九八八年に創刊された『WiNK UP』は主にジャニーズのタレントを掲載するアイドル雑誌で、『Myojo』『POTATO』『DUeT』などと並び、ジャニーズグループのファンに広く読まれている。

じ」という表記がある。これはコンビとなる二人の名前を組み合わせた呼び方で、その他にも、たとえばHey! Say! JUMPの山田涼介と知念侑李のコンビであれば「やまちね」、Sexy Zoneの中島健人と菊池風磨のコンビであれば「ふまけん」というように、ジャニーズファンのあいだではこのような名づけ方が常用されている。付言しておけば、これらの愛称は単に彼らの人物特定を意味するだけでなく、彼らが「どのような関係性にあるのか」(「同い年」「同期」「シンメ」といった属性や、「同士」「ライバル」「両想い」といった間柄)までを含み、ファンがアイドルを楽しむための一つの認識枠組みを提供する。

ところで、ファンはそのような関係性にいったい何を見出そうとしているのか。ひとまず、「ベストコンビ大賞2021　結果発表」の頁に寄せられた、「めめこじ」に対する「読者の声」を確認しておこう。

・一見クールそうで、おもしろいことを考えている目黒くんと、一見ふざけてそうだけど、中身はマジメで人思いな向井くんの対照的なコンビがぴったりでたまらない!(PN/いちご)・ふたりでレギュラーを務めるバラエティ番組のタイトルコールがとても好きです! 共に闘う仲間だからこそ生まれた、仲良し以上の絆があるのかなぁと思います。目黒くんの笛でうれしそうに駆けつける康二くんがかわいすぎて忘れられません(笑)!(PN/さまる)・めめこじの絆は最高最強です! 支え合って強くなる素敵なコンビだと思います!(PN/りなこじ)・落ちついていて大人な目黒さんと、明るくてムードメーカーの向井さんの、いい感じなバランス感がとても大好きです!(PN/ちえ)・ふたりが一緒なら、どんな挑戦も乗り越えられると思うほどの絆の深さを感じる!

（ＰＮ／まみちゃん）・ふたりとも優しくて平和で、見ていてほっこりする。正反対なタイプだけど、相性がよくてお互い大好きなんだな〜と伝わる感じが好き。（ＰＮ／いくみん）（『WiNK UP』2021年9月号：111　原文ママ）

これらのコメントには「絆」「仲」といった言葉が頻出する。同時に、両者のキャラクターの「対照性」が「相性のよさ」へと帰結されるのは興味深い。いうなれば、どのような要素も「めめこじ」という関係性の前ではポジティヴな親密性へと昇華されるのである。また、そうした親密性はときに「恋愛の関係」に模した言葉で語られることもある。[8] このような関係設定に「男同士の親密性」（セジウィック 2001）の問題が介在していることは、まず間違いないだろう。他方で西原麻里によれば、ジャニーズアイドルをめぐるホモソーシャルな言説は、元来のホモソーシャリティとは性質を異にする面があるという。というのも、そもそもホモソーシャリティとは「男同士の関係」から女性を排除し周縁化するものであったのに対して、ジャニーズアイドルに用いられる「〈絆〉の描かれ方」はあくまでファン（女性）目線を主体として想定されたものだからである。

芸能雑誌はタレントたちの完全なプライベートではなく、あくまでもオフや、〝素〟を演出するメディアである。しかし、テレビなどのマスメディアとも異なる、独特の言説空間を築いている。その言説はたしかに脚色されているだろうが、しかし完全にフィクションともいえない。そもそも真実か虚構か、という二元的な切り分け自体、メディアでは無効である。読者参加型企画を読むうえで重要なのは、実際に読者がどれほど投稿したかや読

（8）東園子はやおいやＢＬにおける同性間の親密性を論じているが、そこでの「ホモソーシャリティ」（友愛のコードが適用される同性間の親密性）と「ホモセクシュアリティ」（恋愛のコードが適用される同性間の親密性）（東 2015：13）の関係を以下のように指摘している。「ある作品をやおい化するには、単に魅力的な男性キャラクターが複数存在するだけでなく、彼らのあいだにホモソーシャルな関係が成立しており、それが異性愛関係よりも強い絆であることが重要なのである」（同書：178）。

者が要望を出したかといったことの真否ではなく、「読者が求め、選んだ設定」になっているることである[9]。（西原 2019：102–103）

こうした観点を勘案すると、「めめこじ」という関係性のコンテンツ化は、まさにファンが「めめこじ」という解釈フレームにもとづいてさまざまな情報（過去の出来事やエピソード）を再配置する作業によって成り立つ点が重要である[10]。コンテンツとは「中身」や「内容」を意味する言葉であったが、既述のように岡本健は content という語が動詞でもあることに着目し、コンテンツを「ただの情報内容ではなく、人を満足させ、楽しませるものである」と定義している（岡本 2016：5）。コンテンツがもつそのような側面に留意してみても、ここでファンたちが真に楽しみを見出しているのは、解釈フレームとなる「〈推し〉たちの関係性」そのものなのだと考えることができるだろう。

これに加えて、もう一点確認しておきたいのは、前記の「めめこじ」をめぐる関係性が、この「ベストコンビ大賞2021」の有無にかかわらず、ファンのあいだではすでに共有済みのフレームであるという点だ。その意味で、この雑誌企画は「〈推し〉たちの関係性」を尊ぶファンのコアな視点が実を結ぶ機会として機能するものであるともいえる。その証拠に、「めめこじ」関連のコンテンツは数年前から多数のメディアで散見されている。たとえば Instagram では「#めめこじ」が五・三万件ヒットし、YouTube でも「めめこじ」を取り上げたファン動画が複数アップされている（図9-3）。さらには、テレビのようなメディアが後追いでその関係性に乗じた演出を用いることすらある（図9-4）。「めめこじ」は特定のコンテンツを指すタイトルではない。かといって、世間的なブームを

（9）西原は、ジャニーズアイドルをめぐる女性主体の読み解きが、「異性愛規範やジェンダー規範の変容につながるかもしれない」と結論づけている。他方で、そのホモソーシャルな表象や言説が（異性愛規範とジェンダー規範に限らず）社会規範を強化する力を帯びている可能性も、やはり捨てきれないように思う。たとえばグループメンバーに対する「先輩／後輩」「長男／末っ子」語りなどは、既存の社会規範を強固に保持するような側面があることも否めない。

（10）ちなみに、このような「関係性」は、〈推し〉個人の「キャラ」（斎藤 2010）の動機として機能することもあるだろうが、本章で焦点化したいのは、あくまで〈推し〉たちの「関係性」そのものがコンテンツ化される側面である。

（11）この「関係性のコンテンツ化」は特定の形態をもたないがゆえに、さまざまなモノやコトに憑依することができる。もともとはまったく別の文脈に置かれた当人たちのささいな発言や、撮影やダンスの

巻き起こすほどの「現象」というわけでもない。他方で、あらゆるプラットフォームに散らばった「めめこじ」コンテンツは、それが「めめこじ」という関係性を尊ぶ視点によって生成されたものであるという点で同型性をもつ。とくにその多くが、すでに流通済みのコンテンツを再利用することによって成り立つUCCやUDCの形式に支えられたもの（テレビ番組の切り取りに自作テロップをつけた動画や、過去のエピソードからストーリーを膨らませた小説やイラストなど）であることの意味を考えなければならない。ファンの目的や欲求が、そこで素材とされる既存のコンテンツにだけ向けられているのなら、わざわざ情報を組み替えて流通させる必要はないだろう。そこに手を加えること、「めめこじ」というフレームを与えること（それが「めめこじ」コンテンツであると認識できるようにすること）に意義があるのだとすれば、やはりそこでコンテンツ化されているのは「関係性」に他ならないのではないか(11)。

辻泉は、ファン文化がそもそも「関係性の快楽」をともなうものであることを指摘している。

> カリスマ性を帯びたスターのファン文化が「ここではないどこか」への憧れに基づいた「超越性の快楽」だとすれば、ジェニーズ系男性アイドルのファン文化は、それと対照的に、「い

ポジションなど、それだけをみればコンテンツとは呼べないような雑多な断片が、またときには、（奇妙なことだが）二人のメンバーカラーである黒とオレンジの配色でさえ、そこに「めめこじ」という関係性が投影されるとき、それはファンを「満足させ、楽しませる」コンテンツになるのである。

図9-3　YouTubeの検索結果一覧画面（「めめこじ」）（閲覧日：2021.1.19）

図9-4　テレビ番組『冒険少年』での一場面（閲覧日：2021.1.19）

まここ」にある目前の「関係性の快楽」を特徴とする。親近感に特化したアイドルとファンの関係性の快楽がまず存在し、そしてそれを最大化するために「同担拒否」をしたファン同士の関係性があり、このワンセットになったコミュニケーションの楽しみこそが肝心なのである。(辻 2018 : 43-44)

このような文化が培われてきた前提をふまえつつも、前記のような事例が示すのは、何よりも先にまずアイドルコンテンツ内に(アイドル同士の)関係性の問題が内包されているということである。なおかつ、辻が指摘するようにアイドル文化において「ファンとアイドル」「ファン同士」という関係性は重要なファクターであるが、コンテンツという視点から考えるのであれば、昨今のソーシャルメディアのなかで「ファンとアイドル」「ファン同士」の関係自体もまたコンテンツとして位置づけられ、アイドルコンテンツと同じプラットフォーム上に流通する状況に目を向けなければならない。

第3節 コンテンツ化される「〈推し〉と「私」の関係性」

いまやファンの活動は、単にアイドルコンテンツを受容するにとどまらない。UCCやUDCが示すように、まずそれはファンがコンテンツの生産者や拡散者になる状況をもたらした。前述した「関係性のコンテンツ化」にも、その波及はみられる。それに加えて注視すべきは、アイドルとファンの関係性がInstagramをはじめとするSNSの領域でより可視的に流通していること、すなわち「〈推し〉と「私」の関係性」自体がコンテンツ化される状況である。

アイドル界隈のみならず、いわゆる「〈推し〉活[12]」の領域においてしばしば用いられる「〈推し〉のいる生活」というフレーズは、いくつかのことを示唆している。これは、一つの見方として、ファンにとっての〈推し〉の存在がライフスタイルに影響を及ぼすほどの重大な事項になりうるということを意味している。また他方では、より具象的な次元で「〈推し〉（の代替物となる何か）」を生活のなかに取り入れることを意味してもいる。本来、アイドルはファンにとって手の届かない存在であり、非日常的な領域に属するはずであるから、それを生活という日常的な文脈に流入させるには、〈推し〉を生活環境と地続きの空間に存在する「フィジカルな何か（＝モノ）」に見立てる行為が必要になる。そこで重宝されるグッズの一つに、アクリルスタンドがある。アクリルスタンドとは一般的に〈推し〉のイラストや写真が印刷されたアクリル板のグッズのことで、近年幅広いジャンルの「〈推し〉活」で利用されており、商品として流通している他、好きな〈推し〉の写真を使用して自作するファンもいる。スタンドが付属しているため、アクリル板を立てて使用することができ、メンバー同士のアクリルスタンドを並べて自室に飾ったり、〈推し〉のアクリルスタンドを連れて出かけたりすることもできる[13]。

このような「〈推し〉の代替物」の活用は、以前からみられたグッズを「愛でる」ファンの行動と比べ、何ら目新しさはないだろう。だが、現在のメディア状況がもたらした大きな変化は、「〈推し〉のいる生活」を写真のフレームに収め、それをＳＮＳにアップするという行為である。たとえばInstagramでは、ファンによって撮影された「〈推し〉（の代替物）と「私」の関係性」をあらわす写真が無数に認められる。興味深いのは、この「〈推し〉のいる生活」の表象が、往々にしてファン自身の姿をも含んでいるという点である。しかもそこでのファンの姿は、「〈推し〉のいる生活」の風景越しに身体の一部が見切れるような形でフレーム内にお

(12) 特定の〈推し〉を応援する活動全般をさすが、そこでの〈推し〉は必ずしも人物に限定されない。

(13) アクリルスタンドに限らず、うちわや公式フォトやフォトハンガー（アイドルの顔が印刷されたハンガー状のもの）のようなグッズも同様の役割を担いうる。

さめられる。

ここで確認しておきたいのは、Instagramというソーシャルメディアにおける風景と人物との位置関係である。レフ・マノヴィッチは、「目を覚ますとき、リラックスしてコーヒーを楽しむ瞬間、モノに囲まれているとき、街並みの中にある風景や事物を指し示すことといった状況の中にある、手や指や足、あるいは全身像」（マノヴィッチ 2018：142）などを例にあげ、デザイン写真のなかにあるインスタグラマーの身体の存在について次のように指摘する。

> インスタグラムの投稿者は、遠近法のルールに従って記録する後景の外部に位置するルネサンスやモダニズムの観察者ではない。その代わりに、人はその場面、状況、瞬間の中に存在している（同書：143）。

Instagramにおける撮影者・投稿者としての「私」は、場面や状況や瞬間のなかに埋め込まれた被写体としての存在も担いうる。アイドルファンによる「〈推し〉のいる生活」をめぐる表象にとって、この撮影者・投稿者＝被写体という構図は重要な意味を帯びる。というのも、〈推し〉を尊ぶ主体でありつつ、投稿写真においては同じフレームのなかにアイドルと自分を並置させることで、「〈推し〉と「私」の関係性」を同次元的に把握することが可能になるからである。

ところで、前記のように「〈推し〉と「私」の関係性」がコンテンツ化されるとき、そのコンテンツとは誰に向けられたものなのだろうか。写真の記録性だけを考慮すれば、そうした写真表象は自分のスマートフォンのなかだけにしまっておいてもよいはずである。しかし、コンテンツ（「人を満足させ、楽しませるもの」）である限り、それは自分以外の誰かにも共有される可能性をはらんでいる。そこから導出されるのは、「ファンとしての「私」」を基点として形づくられる「ファンとしての「私たち」の関係性」である。

第4節　コンテンツ化される「ファンとしての「私たち」の関係性」

既述のように、現在のファン活動におけるInstagramは、「〈推し〉と「私」の関係性」をコンテンツ化して提示する場となっているが、それは「ファンとしての「私」」を前景化させる営為をも含んでいる。このとき「私」の存在を規定する中心的なタグは「〇〇のファン」ということになるであろうが、それと同時に、この「私」がそれ以外の要素によっても装飾されていることに目を向ける必要がある。たとえばファン活動を示すInstagramの投稿写真には、「#〇〇担」「#〇〇のある生活」などのハッシュタグとともに、「#おしゃれな〇〇担さんと繋がりたい」「#大人〇〇担さんと繋がりたい」「#over20な〇〇担さんと繋がりたい」といったハッシュタグが併記されている。同様のタグはInstagramに限らずTikTokやTwitterなどのSNSで広く使用されているが、「おしゃれ」「大人」「over20」といったフレーズはファッションという枠組みとも深いかかわりをもつ。他方で、これらのフレーズによってタグづけられた写真は必ずしも投稿者の身なりをダイレクトに主張するものではなく、そこでの「おしゃれさ」や「大人さ」は、カラフルなスイーツや、イルミネーションに彩られた夜景、自作のアイドルグッズや、投稿写真に施された淡いエフェクトなど、じつに雑多なモノやコトとの共存のうえに示される。渡辺明日香はInstagramにおける「服から離れたファッション」について以下のように述べている。

ファッション情報を積極的に閲覧しているものの、自身のファッションの発信はあまりしないという実態は何を意味するのだろうか。まったくの「見る専」なのではなく、食べ物、行った場所、旅行、カフェ、何気ない日常、風景、建物、花、ペット、自作のイラストやアクセサリー、友人と遊んだ時の写真、染めたばかりの髪、ネイルなど、衣服を中心とするファッション以外の投稿は積極的にしている。こうした現状は、自己表現のツール、個性の表明として長らく首位を占めてきたファッションが、その座を日常の出来事や食べ物、風景やインテリアに譲りつつあることを示している。外見が重宝されるモデルから、自身の価値観を提示するブロガーやインスタグラマーが台頭しているように、ファッションに代わり、ライフスタイルの総体としての自己表現が、よりシェアしやすく、リアリティをもって共有されている。（渡辺 2011：114-115）

「ファンとしての「私」」の表象が、このような広義の意味でのファッション性を包摂し、「ライフスタイルの総体としての自己表現」の一部を担いうるとして、それが「他者とのつながり」を惹起する、すなわち、「ファンとしての「私たち」の関係性」へと開かれたものであることは興味深い。先にあげた「#おしゃれな○○担さんと繋がりたい」「#大人○○担さんと繋がりたい」「#over20な○○担さんと繋がりたい」といったハッシュタグにも示されるように、Instagramに投稿されたファンの写真には同じ〈推し〉の「担当」（ファン）と「繋がりたい」という意思が表示されている。同時にこの「繋がり」が、先にみたような「おしゃれ」

「大人」「over20」という細分化したカテゴリーと組み合わされていることは重要だ。ジャニーズアイドルのファンのあいだで定番化されているハッシュタグの一つに「#わーーーージャニオタさんと繋がるお時間がまいりましたいっぱい繋がりましょ」というフレーズがある。これは「私」が「ジャニオタ」であることの名乗りと「繋がり」への欲求を含むものであるが、三二四・四万件の投稿がヒットするように、さまざまなグループを対象としたさまざまな水準での「オタク」が包摂されうる。それに対して「#おしゃれなジャニオタさんと繋がりたい」というハッシュタグでは、ヒット数が三八・七万件にしぼられる。同様に、「ジャニオタ」の部分を「〇〇担」としたり、「おしゃれ」の部分を「大人」としたりすることで、ヒット数は変動する。片岡栄美が指摘するように、自らのポジショニングの差異はファンにとって重要な事項であるに違いない。

このようにアイドルファンに限らず、好きな何かに没頭できる人は、そのエネルギーと情熱をアカウントで発信し、共感できる相手とハッシュタグ（#）で繋がろうとするのである。しかしアカウントの複数化は、好きなことに対する価値観の違いでレイヤー化され、同じテーマの下でも多層的なつながり方が現実のものとなっている。現代の若者たちのコミュニケーション行動はレイヤー化した繋がり方に象徴されているといえよう。（片岡 2020：303 原文ママ）

片岡の論考ではアカウントの使い分けを指してこのような言及がなされているが、ハッシュタグにおけるカテゴリーの細分化にも、「レイヤー化した繋がり」の片鱗はみてとれる。しかし、ハッシュタグの次元におけるレイヤー化は、奇妙な矛盾をはらむことにも着目してみたい。タグの内容が相互に排他的であるならば、「#わーーーージャニオタさんと繋がるお時間がまいりましたいっぱい繋がりましょ」というハッシュタグと「#おしゃれなジャニオタさんと繋がりたい」というハッシュタグでは、その繋がりの対象となるファン・コミュニティのレイヤーが微妙に異なるはずである。しかし、実際に双方の投稿画像を見比べると、ハッシュタグが違っても投稿される写真の内容はきわめて類似していることも多い。それは、Instagram の投稿が一枚の写真に対して複数のハッシュタグを付帯させうることに起因するように思う。つまり、「#わーーーージャニオタさんと繋がるお時間がまいりましたいっぱい繋がりましょ」というハッシュタグがついた写真には、同時に「#おしゃれな〇〇担さんと繋がりたい」というハッシュタグや「#大人〇〇担さんと繋がりたい」というハッシュタグが、たいていの場合に列挙されており、ハッシュタグのフレーズの差異はじつのところ排他的な関係には置かれていないのである。さらに、形式的矛盾がよりあからさまに生じているケースが、「#量産型」と「#非量産型」というタグが同時に付されているような場合である。同質性を示す「量産型」という言葉と異質性を示す「非量産型」という言葉の両立は何を意味するのか。階層化やカテゴライズを一度おこないつつ、同時にそれを攪乱してしまうような両義的な振舞いは、Instagram における「繋がり」が差異と同化の記号的戯れを楽しむ営為であることを示唆している。久保友香は Instagram における女の子たちの振舞いを指して、共通点や細かい差異を含んだ「真似し、真似される」行為が「ヴィジュアル本歌取り」(和歌でおこなわれる本歌取りに類似したもの)であると指摘しているが(久保 2019 : 300-301)、前記のようなハッシュタグにおける矛盾や両義性も、レイヤーと自己の位置をはかりながらアプローチを実践しようとするコミュニケーション状況をよくあらわしている。Instagram における投稿が他の投稿との関連のなかで意味づけられ、評価されるプロセスをはじめから織り込んだものであることを想起すれば、「ファンとしての「私たち」の関係性」をかたちづくるネットワーク自体が、「ファンとしての「私」」を「満足させ、楽しませるもの」になるといえるだろう。

小括

本章では、アイドル文化をめぐるコンテンツについて「関係性」という観点から捉え直すことを試みてきた。そこでは「〈推し〉たちの関係性」がコンテンツ化されるだけでなく、「〈推し〉と「私」の関係性」や「ファンとしての「私たち」の関係性」もコンテンツ化されうることがみえてきた。アイドル文化をめぐるコミュニケーションにおいて「関係性」が重視されるということは、一見すると「アイドルは顔ではなくて中身」というような、「顔」の優位性の攪乱をもたらすように思えるかもしれない。しかし、「関係性」の前景化は本当に「顔」の価値を揺るがすほどの力をもつのだろうか。

ここで確認しておきたいのは、それでもなお、アイドルの「顔」はファンたちのコミュニケーションの基点であり続ける、という点だ。「〈推し〉たちの関係性」においてホモソーシャルな関係が取り沙汰されることは、たしかに「外見」の問題をそれほど前景化していないようにみえる。しかし、アイドルが何よりもまず（聞くことでも、触ることでもなく）「見る」という視覚的欲望と結びつけられた存在である以上、その「関係性」もまた「顔」に還元されることを免れない。では、ファンたちの「関係性」における「顔」はどのような位置づけにあるのか。「〈推し〉と「私」の関係性」や「ファンとしての「私たち」の関係性」をあらわす投稿写真に示されるように、たいていの場合「私」の「顔」は隠されているのであって、「顔」がファンの存在同定に用いられることはほとんどないようにみえる。画面内に姿がまったく映されなかったり、身体の一部が収められているだけだったりと、「顔」が不可視化されるパターンはさまざまだが、たとえ投稿者（ファン）の全身が映されているような場合でも「顔」の部分だけが不自然に隠されている。対照的に、顔を隠したファンの傍らで、〈推し〉の「顔」は（アクリルスタンドやうちわや公式フォトによって）誇示されている。なかには、〈推し〉の「顔」がファン自らの「顔」の前に重ねられ、まるでアイドルの「顔」で自らの「顔」を上書きするようなポージングが用いられたものもある。これは、ファンたちのコミュニケーションが時間でも空間でもなく、アイドルの存在（そしてその存在は「顔」によって規定されている）を共通の「場」として構築されるものであることを物語っている。

> 彼女たちは、同じ場所で、同じような写真を撮るからこそ、つながることができる。わざわざ時間とお金をかけて、インスタ映えスポットに集まるのは、そのようなつながりを求めたからではないか。かつて、学校の枠を超えたつながりを求める女の子たちが渋谷に集まったが、その時は、同じ場所に「同じ時間」にいなければ、つながることができなかった。しかし、インスタグラムを介せば、同じインスタ映えスポットに、「違う時間」にいても、つながることができるようになった。（久保 2019 : 302）

久保によるこの指摘は、Instagram の性質を理解するためには妥当である。しかし、アイドルファンたちの投稿をみていると、物理的な場所性が剝奪された表象も多いことに気づかされる。「いつ／どこなのかわからない」写真の紐帯となるのは、そこに掲げられたアイドルの「顔」である。私たちはテクノロジーの進化によってもたらされた「顔を着替える自由」「顔を脱ぐ自由」（米澤 2021）をうまく利用しつつ、アイドルに対してはなお「顔」という評価指標を適用し続ける。コンテンツをめぐる「関係性」の焦点化が「顔」への偏重と決して相反関係にはないということは、コミュニケーションにおけるルッキズムの呪縛や、あるいはもっと端的に、コミュニケーションにおける「顔」の存在の不可避性について、私たちに問いかけているようである。

（塙幸枝）

○引用・参考文献

東園子（2015）『宝塚・やおい、愛の読み替え――女性とポピュラーカルチャーの社会学』新曜社
池田理知子（2010）「コミュニケーションの諸相――コミュニケーション能力から〈想像／創造する力〉へ」池田理知子＋松本健太郎編『メディア・コミュニケーション論』ナカニシヤ出版、3-14頁
井手口彰典（2016）「コンテンツ論のあらたな展開――「コンテンツ＝中身」論の限界と間コンテンツ性」岡本健＋遠藤英樹編『メディア・コンテンツ論』ナカニシヤ出版、49-63頁
岡本健（2016）「メディアの発達と新たなメディア・コンテンツ論」岡本健＋遠藤英樹編『メディア・コンテンツ論』ナカニシヤ出版、3-20頁
片岡栄美（2020）「女子大生にみるアニメ・ゲーム系オタクとアイドル系オタクの象徴闘争」『ユリイカ』9月号「特集＊女オタクの現在――推しとわたし」52(11)：296-304, 青土社
河島茂生（2014）「序章　デジタル・ナルシス」河島茂生編『デジタルの際――情報と物質が交わる現在地点』聖学院大学出版会、11-30頁
金暻和（2021）「ソーシャルメディアと「関心の経済学」――メッセージの制作から流通の時代へ」小

西卓三+松本健太郎編『メディアとメッセージ――社会のなかのコミュニケーション』ナカニシヤ出版、33-45頁

久保友香（2019）『「盛り」の誕生』太田出版

斎藤環（2010）「『AKB48』キャラ消費の進化論」『ＰＨＰオンライン衆知』https://shuchi.php.co.jp/article/16?p=1 （最終閲覧日：2022.1.19）

セジウィック、イヴ・コゾフスキー（2001）『男同士の絆――イギリス文学とホモソーシャルな欲望』上原早苗+亀澤美由紀訳、名古屋大学出版会

辻泉（2018）「『同担拒否』再考――アイドルとファンの関係、ファン・コミュニティ」『新社会学研究』3：34-49. 新曜社

西原麻里（2019）「ジャニーズの関係性はホモソーシャルか――〈絆〉の表現が揺るがすもの」『ユリイカ』11月臨時増刊号「総特集 日本の男性アイドル」51(18)：95-104. 青土社

福冨忠和（2007）「コンテンツとは何か」長谷川文雄・福冨忠和編『コンテンツ学』世界思想社、2-16頁

マノヴィッチ、レフ（2018）「インスタグラムと現代イメージ」久保田晃弘+きりとりめでる訳・編著『インスタグラムと現代視覚文化論――レフ・マノヴィッチのカルチュラル・アナリティクスをめぐって』ビー・エヌ・エヌ新社、12-215頁

米澤泉（2021）「脱げない顔から着替える顔へ――「私遊び」の変遷」米澤泉+馬場伸彦『奥行きをなくした顔の時代――イメージ化する身体、コスメ・自撮り・ＳＮＳ』晃洋書房、1-40頁

渡辺明日香（2021）「ファッションとInstagram」田中東子編著『ガールズ・メディア・スタディーズ』北樹出版、99-117頁

『WiNK UP』2021年9月号、ワニブックス

『WiNK UP』2021年10月号、ワニブックス

第10章　メディアミックス的なネットワークに組み込まれる人びとの身体
――サンリオピューロランドにおけるテーマ性／テーマパーク性の流動化

第1節　ピューロランドとその周辺

東京都の多摩地域に所在するサンリオピューロランドは、株式会社サンリオの子会社、サンリオエンターテイメントが運営する屋内型テーマパークである。サンリオといえばハローキティ、マイメロディ、シナモロール、ポムポムプリンなど、数々の人気キャラクターたちを世に送り出したことで有名だが、ピューロランドではそれらのキャラクターが登場するパレードや舞台などのコンテンツにより、多様なファンの人気を獲得している。しかも本章で後述するように、このテーマパークは一九九〇年に開園して以降、その形態を大きく変化させながら今へと至っているのだ。

なお、そのテーマパークの周辺、すなわち多摩センター界隈を歩き回ると、面白い光景に出くわす。というのも街のあちらこちらで、サンリオキャラクターを描いたモノ、たとえば案内板やマンホールなどに遭遇するのだ（図10‐1）。また、駅からまっすぐ伸びるメインストリートのパルテノン大通りや、そこを左折してピューロランドへとつづくハローキティストリートでは、サンリオキャラクターに関連したモニュメントやフォトスポットが常設され、また時期によっては、さ

図10‐1　ピューロランド周辺に設置されたキャラクター（筆者撮影）

らにイルミネーションやフォトスポットが仮設される。付言しておくと、二〇一六年には京王電鉄とのコラボにより京王多摩センター駅[1]において、さらに二〇一八年には小田急電鉄とのコラボにより小田急多摩センター駅[2]において大規模な改装工事が施され、キャラクターが描かれたステンドグラスや壁、案内表示などにより、それぞれの駅の空間イメージが一新されている(図10－2)。ともあれ、現在では二つの駅を中心とする多摩センターエリアの全体がハローキティをはじめとするキャラクターのイメージによって装飾されており、テーマパークとしてのピューロランドの垣根を越えて、あたかも〝テーマパーク的な空間〟が駅周辺へと溢れでているようにさえみえる。

(1) https://www.puroland.jp/new_keio_tama_center/（最終閲覧日：2020.1.5）

(2) https://www.puroland.jp/information/odakyu_tama_center/（最終閲覧日：2020.1.5）

そもそも「テーマパーク」とは何か。アラン・ブライマンによると、テーマパークの根拠たる「テーマ化」とは、「対象となる施設や物体をそれとはほとんど無縁のナラティヴで表現すること」だと規定される（ブライマン 2008：15）。ここでいうナラティヴとは「物語」のことであり、たとえばディズニーランドでは「第一に、各テーマパークそれ自体が包括的なナラティヴで統一されている点でテーマ化されている」のであり、「第二に、各ディズニー・テーマパークは、テーマ化され、独自のテーマ上の一貫性と統一性をもっている「ランド」に分けられている」とされる（同書：46-47）。

たしかに前者に関しては、ディズニーランドは「魔法の場所」として、あるいはアメリカ文化を称揚する場所としてのナラティヴが付与されているといえるし、後者に関しては、「ウエスタンランド」や「トゥモローランド」といったかたちでそれぞれテーマが設定され、それにしたがってキャスト（従業員）の衣装、

図10－2　京王多摩センター駅／小田急多摩センター駅のデザイン（筆者撮影）

建物やグッズなどがデザインされている。ブライマンによると、エンターテイメント経済に生きる現代人にとって、「テーマ化は愉快で、奇抜な経験を楽しむ機会を提供」（同書：40）するものと解説される。

ディズニーランドと比べるとだいぶ小規模ではあるものの、ピューロランドもやはり〝テーマパーク〟であることは確かである。しかし前記のように、近年ではピューロランドのパーク内に加えて、本来であればテーマパークとは表現しがたいその外側のエリアもまた「テーマパーク化」されているようにみえる。実際に多摩市は「ハローキティにあえる街」というより上位のテーマを掲げ、ピューロランドを中心に据えつつ、多摩センター周辺の「テーマ化」もしくは「テーマパーク的空間の拡張」に向けたプロジェクトを推進している(3)。

かつて多摩センター周辺は、のどかな里山の風景がひろがる地域であったが、スタジオジブリ制作のアニメーション映画『平成狸合戦ぽんぽこ』（1994）にも描かれる都市開発を経て、今ではキティが支配する空間となっている。とくにピューロランド周辺では、各種の「モノ＝イメージ」によって、テーマパーク的な空間が拡張しつつあるともいえるのだ。そしてゲストたちは、ときにサンリオのグッズを身に着け、ときにコスプレをしながら、ピューロランド内外の各所に設置されたフォトスポットの前で写真を撮り、それを友人と共有したり、ＳＮＳにアップロードしたりする。本章ではそのような、ピューロランド周辺をめぐる空間消費の現状をとりあげながら、それをテーマ性／テーマパーク性の流動化という観点から考察してみたい。

（3）多摩市のＨＰには、次のような記載がある――「多摩市では平成14年度から、多摩センター地区の立地施設であるサンリオピューロランドのキャラクターであり、日本国内だけではなく世界中に愛されているキャラクターであるハローキティを活用した「ハローキティにあえる街」を多摩センター立地企業等と協力・協働し活性化に取り組んでおります。その一環として多摩センター駅周辺では、サンリオキャラクターによるさまざまなイベントを開催しています」（https://www.city.tama.lg.jp/0000002603.html 最終閲覧日：2020.1.7）。

第2節　モノとイメージのメディアミックス的なネットワーク

テーマパークとは、何らかの「テーマ」に依拠して人為的に構築された記号世界だといえる。しかしサンリオピューロランドの場合、その開園当時から変わらず継承されてきたテーマがあるかといえば、必ずしもそうとはいえない。筆者が別の機会に論じたように、ピューロランドでは「ピューロの国」というその当初のテーマ性が後退し、今ではそれに代わって、「キャラクター優位」の世界観が展開されている（松本・黒澤 2021）。むろんそれは現在でも「テーマパーク」であることには違いないが、実情からいえば、「キャラクターパーク[4]」といったほうが適切であるような気さえする。

なお、サンリオピューロランドの主役ともいえるキティもまた、無節操に、さまざまなものとコラボすることで知られている。たとえばガンダム、エヴァンゲリオン、貞子、デヴィ夫人など……世間を驚かせるそのコラボレーションには枚挙に暇がない。近年、ハローキティはユーチューバーとして活動するなかで、各地の土産物とのコラボレーションを念頭において自らをそれらにとりつく「憑依型女優[5]」と位置づけているが、たしかにサンリオが産出するキャラクターイメージはさまざまなモノや場所へと憑依し、国内外のあらゆるところに遍在している印象がある。もはやキティとはメディアミックス社会である日本を象徴する記号と化している感すらあるが、それは各種の媒体をつうじて商品展開されるのみならず、たとえば観光領域に限って考えても、さまざまなモノ（グッズ、電車、飛行機）や場所（空港内の施設、自治体、テーマパーク）のイメージと組み合わされて人びとに認知され消費される傾向にある。

（4）ピューロランドの姉妹施設であり、やはりサンリオエンターテイメントによって運営される屋外型テーマパーク、ハーモニーランド（大分県）は、その公式サイトでは「サンリオキャラクターパーク」として紹介されている（https://www.sanrio.co.jp/themepark/#harmonyland　最終閲覧日：2020.1.7）。

（5）https://www.youtube.com/watch?v=bKYID40ohtY&feature=emb_logo（最終閲覧日：2020.1.7）

サンリオは自社開発した四〇〇種を超えるキャラクターをもとに、数多くのグッズの企画・販売を手がけている。また前述のテーマパーク事業のほかにも、映画製作、出版事業、外食産業などにも参入しており、多様な経路をつうじて無数のキャラクターたちのイメージを社会的に流布させている。それは、ある作品やそのキャラクターをさまざまなメディアをつうじて流通させる戦略、いわゆる「メディアミックス」の現代的な事例を供するものといえよう。

マーク・スタインバーグの著書『なぜ日本は〈メディアミックスする国〉なのか』によると、メディアミックスとは「表現の形式であり、複数の異なる断片からなる、より大きなメディアの世界を構築するための方法」(スタインバーグ 2015 : 43) だとされる。また、それは「ある特定のキャラクターや物語や世界観を中心とするメディア上のモノや要素のシステムとして現れ」、また、「メディアの周辺に構築された社会的関係のネットワークであり、それゆえキャラクターの周辺に発生するある種の社会性の土台になる」とも指摘される (同書 : 35)。

ポケモン、ミッキー、マリオなど、それこそ多種多様な事例がありうるが、現代においてあるキャラクターやそれに付随する物語は、各種メディウム――たとえばマンガ、アニメ、ゲーム、グッズなど――の差異を越境しながら流通し、それをもとにした「社会的関係のネットワーク」を構築しうる。そしてそのようなネットワークが顕著にあらわれる場として、既存のコンテンツをもとに形成されたテーマパーク、たとえばディズニーランドやユニバーサルスタジオなどを思い浮かべることもできるだろう (基本的にいって、前者のアトラクションは、ディズニー・アニメーションの世界観を物理的空間のなかでシミュレートしたものであり、後者のアトラクションは、ハリウッド映画の世界観を物理的空間のなかでシミュレートしたものである。それらはともに、ゲストの身体をメディアミックス的なネットワークへと組み込むために設計されているのだ)。

むろんピューロランドもテーマパークであり、そのような「社会的関係のネットワーク」を見出しうると考えられるが、しかし前節で詳述したとおり、もはやそこは「テーマ優位」の空間というよりも、むしろ「キャラクター優位」の空間として成立している。しかも(これも既述のとおりだが)ピューロランド周辺では各種の案内板やフォトスポットなどのモノ=イメージによって、そのテーマパーク的な空間が拡散しつつあるともいえるのだ。

多摩センター界隈に配された壁面や案内板やマンホールなどは、自治体の公式的なプロジェクトとして、サンリオキャラクターが描かれることによって「モノ」であると同時に「イメージ」と化している。そして、それらは個々のモノ=単体として意味作用をもつというよりも、それらが集合しネットワーク化されることで、多摩センターという空間を「ハローキティにあえる街」として再編成する——そのネットワークの中心に鎮座しているのがキティなのである。そのようなメカニズムを考えるにあたって、スタインバーグによる次のような言説が参考になるだろう。

> モノとメディアがコミュニケートする関係性は、キャラクターの「つなげる力」を通じて発達し、そこにメディアミックスの本質を見出すことができるだろう。キャラクターのイメージ単体でモノの変換が起きたと捉えるのではなく、モノとイメージは双方向に変換され、コミュニケートしあう同一のネットワークに乗ったと考えるべきだ。(同書:130)

ピューロランドにおいても、案内板やフォトスポットなど各種の「モノ=イメージ」は、憑依力をそなえたキャラクターとしてのキティがもつ「つなげる力」によってネットワーク化される。そして、それらが「メディアミックスの本質」であると指摘されるのだ。

他方、クリスティン・ヤノはその著書『なぜ世界中が、ハローキティを愛するのか?』のなかで、キャラクターをもちいた街のテーマパーク化、すなわち「〈キャラクター〉によってこの世のすべてがテーマパークのように目に映ってしまう事態」について言及している(ヤノ 2017:448)。彼女によると、「サンリオは実際にハローキティのテーマパークを運営している。〈キャラクター〉による生活環境のテーマパーク化のメカニズムが、そのまま本当にテーマパークとして成り立っている」と述べられている(同書:449)[6]。そう考えてみると、キャラクターによる「モノ=イメージ」のネットワーク化は、スタインバーグが語る「メディアミックス」の問題に関連するだけでなく、ヤノが語る「テーマパーク化」の問題とも関連しそうである。次節ではゲストによる「パフォーマンス」の次元に目を向けながら、さらに、これらの関係性について考えてみたい。

第3節　媒介する撮影行為と、拡散するテーマパーク

ピューロランド内のショップで販売されているグッズをみてみると、来場者たちにちょっとしたコスプレを促すためのモノが多いことに気づく。たとえばキャラクターのデザインを模したカチューシャ(図10-3)などはその一例だが、それらは公式ホームページにおいて「エンジョイグッズ」として分類され、「ピューロランドで身に着けて楽しいグッズ」として紹介されている。それらはゲストを「みられる客体」もしくは「撮影される被写体」へと変換するた

(6) これに関連して付け加えておくと、スタインバーグはキャラクターがもつ性質として「複数のメディアが織り成す関係性を通じて外部へ拡大していこうとする傾向」、すなわち「新しいメディアや商品を通して消費者の生活する環境へキャラクターが拡散していく」という傾向に言及している(スタインバーグ 2015:85)。

めの装置だといえるだろう。

他方、ピューロランド内をくまなく歩いてみると、フォトスポットと呼べる場所が多いことにも気づく。実際、園内のいたるところにフォトスポットがあるし、それ以外にも、たとえばレディキティハウスのように、複数のフォトスポットが集合することで成立しているアトラクションもある。さらにパーク内の各所で、人気キャラクターたちと対面的なコミュニケーションを楽しめる「キャラグリ[8]」の機会が設定されており、ファンたちにとってはそれも撮影のための重要なタイミングとなっている。他方でテーマパークの外部に目を向けてみても、多摩センター駅の周辺には常設型の、あるいは仮設型の各種フォトスポットが点在している（図10－4）。

テーマパークの内外に配置されたこれらのフォトスポットはすべて、それらを背景にした撮影へと人びとを誘導する役割をそなえている。ちなみに前記のグッズとは、一定のロールプレイのもとで望ましい現実を写真として切り取るための小道具であり、またフォトスポットとは、それをプロデュースするための舞台でもある。そして撮影とは、ゲストがテーマパークの世界観に入り込むための媒介行為として機能するのだ。

ところでロラン・バルトによると、「「写真」は、自分自身が他者として出現すること、自己同一性の意識がよじれた形で分裂することを意味する」と語られていた（バルト 1985：21）。ここで写真とは「自己を他者として眺めること」を可能にするメディウムとして把捉されているが、ある意味でその撮影とは、既存の自己像を揺るがし、自己と他者との関係性さえ揺るがす媒介行為として理解しうるのではないだろうか。

ピューロランドの来場者に期待されているのは、「エンジョイグッズ」なるものを買い、そ

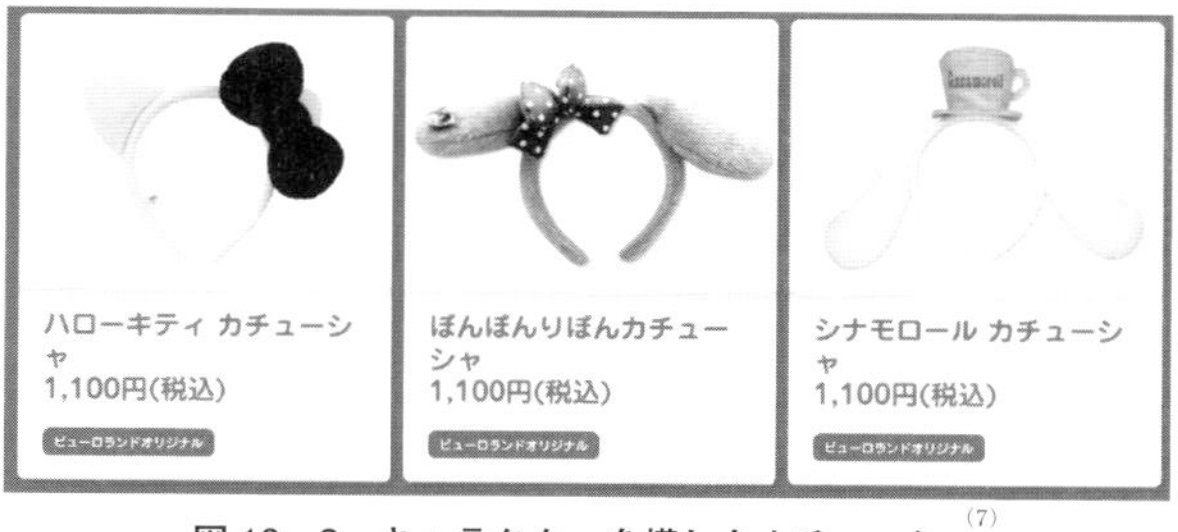

ハローキティ カチューシャ
1,100円(税込)
ピューロランドオリジナル

ぽんぽんりぼんカチューシャ
1,100円(税込)
ピューロランドオリジナル

シナモロール カチューシャ
1,100円(税込)
ピューロランドオリジナル

図10－3　キャラクターを模したカチューシャ[7]

（7）https://www.puroland.jp/goods/enjoygoods/（最終閲覧日：2020.1.5）

（8）「キャラクターグリーティング」の略。

れをロールプレイの道具として装着し、友人やキャラクターとコミュニケートしながらセルフィや記念撮影をおこない、さらにその画像データを友人と共有したり、SNSにアップロード＝発信したりする、というその一連の営為である。そして、それを誘発するためにデザインされた「撮影中心」の空間構成のなかで、人びとの多くはデジタル写真を介したコミュニケーション、すなわち「写交性」（角田 2016：109）を享受することになる。むろん第1節で言及したように、ピューロランドでは設立当初に掲げられていた「愛と友情のコミュニケーション」というコンセプトは後退し、それに代わって「キャラクター優位」の世界観が展開されたわけであるが、しかしその一方で、現在そこは本来のテーマ性からは乖離したところで、撮影行為を介した人びとの、愛と友情を演出するための「コミュニケーション」を量産する場になりえているのだ。

ともあれ、ピューロランドの内外に設置された数々のフォトスポットによって、見方によっては、多摩センターそのものが「拡張的なフォトスタジオ」と化している感さえあるが、それらもまた、メディアミックス的なネットワークを構成する要素の一つにすぎない。各所のフォトスポットのみならず、案内板、駅の外壁、キャラクターの着ぐるみ、来場者のグッズなど、「モノ」であり「イメージ」でもあるさまざまな要素が関連しあい、相互に結びつき、さらにはネットワーク化されることによって、ピューロランドを含む多摩センター界隈の全体が「拡張的なテーマパーク圏」をなしている。そこでは、本来的にはテーマパークとは呼びえないエリアを含めて「テーマパーク化」されている、と解することもできよう。

図 10－4　テーマパーク内外に設置されたフォトスポット（筆者撮影）

それではなぜ、人びとはテーマパーク内外のフォトスポットにおいて、ときにコスプレをしながら、セルフィや記念撮影をおこなうのか。スタインバーグによる次の主張を手がかりにしながら考察をすすめてみたい。

モノとモノとのコミュニケーションを媒介するのはキャラクターのイメージであり、それが人とのコミュニケーションをも可能にしていく。〔中略〕人間同士のコミュニケーションは、ハローキティグッズを介したコミュニケーションが作る土台の上に築かれている。（スタインバーグ 2015：132）

この引用に付随してスタインバーグが言及するのは、親が子に対して、「今日はキティちゃんの歯ブラシで歯を磨きましょうね！」と話しかける例である。ここでは「歯ブラシ＝モノ」を介した親子間コミュニケーションが成り立っているわけだが、より注意深くみてみると、その前提として介在しているのは「靴やノートやぬいぐるみなどの、ハローキティグッズのネットワーク」なのである（同書：131-132）。つまり「キティちゃんの歯ブラシ」が単体として価値をおびるというよりも、むしろ「モノとモノとのコミュニケーション」の次元として、キティちゃんの「歯ブラシ＝靴＝ノート＝ぬいぐるみ」などによるネットワークが基盤として介在することによりはじめて、人間同士のコミュニケーションが成立しうるのである。

これは多摩センター界隈の風景、および、そこで展開される人びとのパフォーマンスを理解するうえでも有用な視点である。スタインバーグの主張をふまえるなら、キティとはさまざまな「モノ＝イメージ」をネットワーク化するための結節点のようなものである。そしてキティがもつキャラクターとしての「つなげる力」によって、それが描かれた「フォトスポット＝案内板＝駅＝着ぐるみ＝グッズ」が連結されてネットワークを構成し（＝「モノとモノとのコミュニケーション」の次元）、さらにそれをインフラとして活用しながら、コスプレやその撮影を含む人びとのパフォーマンス（＝「人間同士のコミュニケーション」の次元）が実現されるのである。

なお、このような構図をもってテーマパークの世界観に没入することの意味や、グッズをもって捉えなおしてみるならば、フォトスポットにおいてセルフィを撮ることの意味がより明瞭に可視化されうるのではないだろうか。バルトは「自己の他者化」を実現するメディウムとして写真を理解したが、写真の撮影やグッズの着用が自己の「モノ化＝イメージ化」を少なからず促進させると洞察するならば、それらのパフォーマンスは、キャラクターを中心とする「モノ＝イメージ」のネットワークに対して、人びとが自らの身体を組み込んでいく、そのような営為として把捉しうるのである。

小括

現代において「空間のテーマパーク化」は、さまざまなテクノロジーにより惹起されうるものとして理解できるかもしれない。身近な例として、ＧＰＳやデジタル地図と連動した位置情報ゲーム——たとえば「ポケモンＧＯ」（2016）や「ドラクエウオーク」（2019）など——をあげることもできよう。架空のモンスターたちを現実世界へと召喚するそれらのスマホゲームは、見方によっては、既存のコンテンツとの関係のなかで、私たちが生きる空間を「テーマパーク化」するものとして解釈しうるかもしれない（「テーマパーク化」に関連するとともに、これも「メディアミックス」の現代的事例である)。

むろん前記の位置情報ゲームでいえば、それをプレイしている人とそうでない人とでは、同じ空間に生きていたとしても、それぞれ認識する世界が異なる。それは本章でとりあげた多摩センター周辺の事例においても同様であり、グッズを着用して自撮りし、キティを中心とするメディアミックス的（かつ、テーマパーク的）なネットワークへと積極的に参入していく人もいれば、むろんそうでない人もいる（サンリオコンテンツに関心のない住民やビジネスパーソンは、まさにそれを素通りしながら同じ空間に共存することになる)。拡張的テーマパークとでも呼べそうなその都市は、人によって立ちあらわれる意味世界が異なる多層的な空間であるともいえるのだ。

（松本健太郎）

○引用・参考文献

東浩紀（2019）『テーマパーク化する地球』ゲンロン
スタインバーグ、マーク（2015）『なぜ日本は〈メディアミックスする国〉なのか』大塚英志監修・中川譲訳、KADOKAWA
角田隆一（2016）「コミュニケーションをつくる映像文化」長谷正人編『映像文化の社会学』有斐閣
バルト、ロラン（1985）『明るい部屋――写真についての覚書』花輪光訳、みすず書房
ブライマン、アラン（2008）『ディズニー化する社会――文化・消費・労働とグローバリゼーション』能登路雅子＋森岡洋二訳、明石書店
松本健太郎＋黒澤優太（2021）「メディアミックス的なネットワークに組み込まれる人びとの身体――サンリオピューロランドにおけるテーマ性／テーマパーク性の流動化」高馬京子＋松本健太郎編『〈みる／みられる〉のメディア論――理論・技術・表象・社会から考える視覚関係』ナカニシヤ出版、185-240頁
ヤノ、クリスティン（2017）『なぜ世界中が、ハローキティを愛するのか?』久美薫訳、作品社

第11章　YouTube動画による「旅の体験」の共有
――コンテンツ／プラットフォームとしてのその役割

第1節　デジタル時代における「観光」と「メディア」の関係性

コミュニケーションを媒介するもの、あるいは、私たちの間隙に介在しつつ私たちを架橋するものとしての各種メディアは、昨今じつにさまざまなかたちで旅や観光をめぐる想像力に干渉しつつある。一九九〇年代以降のインターネットの普及、そして二〇〇〇年代以降のモバイルメディアやソーシャルメディアの普及を経て、すでに私たちが生きるメディア環境はおおきく様変わりした。旅先での「映える」写真をInstagramでシェアする、観光地やホテルの評価をトリップアドバイザーで事前にチェックする、「ポケモンGO」(2016)や「ドラゴンクエストウォーク」(2019)などの位置情報ゲームに導かれて特定の場所に赴くなどなど、旅／観光の途上における私たちの行為に何らかのメディアが関与する契機は、従来と比して格段に増加している。そしてその背景にはインターネットと紐づけられたスマートフォンなど、各種のデジタルテクノロジーが重要な役割を担っていることは言を俟たない。

現代において「観光」と「メディア」との関係性は、従来と比してよりいっそう緊密なものとなりつつある。多メディア社会を生きる私たちは、旅に先立って、あるいはその途上において、それこそ多種多様なメディアを駆使しながら、目的地やそこへ至るルートについて情報収集することになる。そしてインターネット検索を含むその情報探索行為によって、人びとは旅をめぐる一定のイメージを獲得することになるのだ。「おそらく人は、イメージが無い場所へ移動することはできない」と指摘する山口誠は、イメージの供給源としての各種メディアに関して次のように語っている。

観光をするとき、人はどれほどメディアと接触するだろうか。たとえばテレビ、映画、雑誌、新聞、そしてインターネットなどを通じて、人は新たな場所のイメージと出会う。そこへの旅行を考えた人は、ガイドブックや紀行書を入手し、インターネットのさまざまなサイトなどを参照するかもしれない。またインターネットで交通手段やホテルやレストランの情報を集め、予約を自ら手配する人も増えている。旅行会社の店舗、駅や空港のカウンターには、旅先のイメージを伝えるパンフレットやポスターが溢れている。そして旅行中には紙やアプリの地図を用いて、ときにカメラで写真を撮り、スマートフォンで更なる情報を検索するかもしれない――もはや「メディア抜きの観光」は、それ自体を考えることさえ難しい時代に入って久しい。(山口 2019 : 95)

山口が洞察するように、私たちが現代において「メディア抜きの観光」を想像することは、もはや困難であるといわざるをえない。私たちは旅に際して、何らかのメディアとかかわりながら、また、それがもたらすイメージに導かれながらそれを遂行することが必須となりつつある。各種のメディアが過剰なまでにイメージを生成する現代において、それなしに旅や観光を想像することすら、もはや現実味を欠いているともいえよう。

いうまでもないことだが、旅や観光のイメージを供給するメディアは時代によっても変化してきた。ジョン・アーリは『モビリティーズ──移動の社会学』のなかで、記憶、テクスト、ガイドブックやパンフレット、旅行記、写真、葉書、ラジオ、映画などを「想像による旅」を喚起する媒体としてとりあげつつ、「一九世紀には、主にガイドブックなどの書き物が、想像上の旅にとって重要であった。そして、二〇世紀前半には写真とラジオが中心になり、二〇世紀後半には、映画とテレビが想像上の旅の主要なメディアになった」（アーリ 2015 : 251）と指摘している。そしてその延長で考えるならば、「観光」と「メディア」の関係は二一世紀にはいり、さらに錯綜したものへと変容しつつあるともいえるだろう。じっさいのところ現在、旅をめぐるイメージ形成の主役としてまっさきに思い浮かぶのは、インターネット、スマートフォン、SNSなど、デジタルテクノロジーを前提とするメディアではないだろうか。有線無線を問わず、インターネットとの常時接続が可能になった現在、私たちはモバイルメディアとしてのスマートフォンをつねに携帯し、それをつうじてインターネットへとアクセスし、各種アプリをつうじて必要な情報を入手したり、あるいは、SNSをつうじて旅のイメージを他者と共有したりするのが一般的になりつつある。

ともあれ本章では、デジタル時代における「観光」と「メディア」の関係性、あるいは旅をめぐるイメージの供給源を照射するために、YouTube における旅系コンテンツを議論の俎上に載せてみたい。近年、YouTube は動画共有のプラットフォームとして存在感を増しつつあるが、そのなかでも、旅や観光を題材とする動画は一大ジャンルを形成しているといっても過言ではない（その動画のクリエーターは、しばしば「旅系ユーチューバー」や「旅行系ユーチューバー」などと指呼される）。そしてそれらの動画のうち多くは、旅のプロセス全体、もしくはその一部を映像として切り取ることにより、視聴者に対して旅のイメージを提示するものとなっている。むろん旅／観光を題材とする動画には、個々のコンテンツがもつテーマや編集方針などによってさまざまなタイプのものが認められる。一本の動画をとおして、出発から帰着までの旅路を圧縮して紹介するものもあるし、シリーズとしてまとめられた数本の動画をとおして、出発から帰着までの旅路を分割して紹介するものもある。また、宿泊先となる高級ホテルの「ルームツアー」や、ご当地グルメの飲食体験、もしくは、ある航空会社のファーストクラスの搭乗体験といったものが典型となりうるように、人びとの欲望の対象となりうる「体験」の一断片に絞って作成された動画もある。そもそも一本の動画の長さに注目してみても、数分程度の短いものもあれば、一時間を超える長いものもある。また、コンテンツの質に注目してみても、カメラワークや編集技術などの点で目を見張るレベルのものもあれば、見るに堪えるとは言い難いレベルのものもある。つまり内容と形式の両面において、千差万別、あるいは玉石混淆といえるのが実情なのである。

むろん本章の限られた紙幅のなかで、YouTube における旅行系コンテンツの全容を体系的かつ網羅的に論じることは不可能であるが、しかし以下では、複数のユーチューバーによって制作された作品をとりあげるなどしながら、それらを可能な限り多角的に分析していきたい。前述のとおり、YouTube にアップされた旅行系動画にはさまざまなものが含まれるが、それらは総じて、一定の時間的な範疇において、旅の体験を編集・再構成し、それを視聴者に視聴・共有させようと企図するものとなっている。そのことを前提としたうえで、本章では YouTube のコンテンツ／プラットフォームとしてのあり方に着眼しながら、具体的な分析の題材として、旅行系ユーチューバーとして活躍する「おのだ／Onoda」「Sam Chui」「the Luxury

Travel Expert」によるチャンネルをとりあげる。そしてそのうえで、YouTube 動画がいかにして「旅の体験」をシェアするための回路になりえているのかを考えていきたい。

第2節　コンテンツ／プラットフォームとしての YouTube

「観光」と「メディア」の今日的な関係を理解するための鍵となるのは、旅のイメージを提示する「コンテンツ」の振舞いを把捉することではないだろうか。山田義裕・岡本亮輔による『いま私たちをつなぐもの――拡張現実時代の観光とメディア』では、冒頭でつぎのような問いかけが提示されている。

> 現代社会では、観光とメディアの関係は変質しつつある。カメラは携帯電話やスマートフォンに組み込まれ、写真は今やオンライン・コミュニケーションのためのコンテンツ、つまり「ネタ」である。また、そのコンテンツにしても、触覚を含めたマルチメディア化が進み、視覚のみが特権的な地位を占めている状況ではない。インターネット誕生後、特に Web 2.0 以降の情報メディア環境の激変は観光とメディアの関係をいかに変え、また、それは私たちの社会にどのような影響を及ぼしているのだろうか。（山田 2021 : ii）

社会がデジタルシフトを経験した現在において、この「コンテンツ」なる概念がさまざまに語られるようになった背景には、その循環をめぐる技術的文脈の変容が介在しているといえるだろう。本書で既述のとおり、たとえば映画のコンテンツであれば、それは従来なら映画館やレンタルビデオ店といった物理的な場所、あるいは、フィルムやＶＨＳといった物質的なモノと不可分に結びついていたわけであるが、現代においてそれらはフィジカルな次元から遊離してデータ化され、インターネットを介して流通し、たとえばNetflixやHuluのようなサブスクリプション・サービスをつうじて受容される。そしてそこでは、いかにモノをもつかという「所有権」ではなく、いかにデータにアクセスするかという「アクセス権」が前景化されることになる。

インターネット、携帯電話、スマートフォン、ＳＮＳなど、デジタルメディアが多種多様なかたちで台頭し、情報を伝えたり共有したりするための媒体が技術的に革新されたことにより、それを介した「コミュニケーションの形態」や「コンテンツの循環」をめぐる図式が大きく更新されることになった。とりわけ後者に関して付言しておくと、それは「ＵＧＣ」（というかたちで、一般の人びとがコンテンツの産出へと積極的に関与しうるようになったこと、そして「ＵＤＣ」）というかたちで、人びとがソーシャルメディアを経由してコンテンツを拡散しうるようになったことを指摘することができるだろう。それは旅／観光をめぐるコンテンツに関しても例外ではなく、現在では旅行系ユーチューバーや旅行系インスタグラマーがいわゆる「インフルエンサー」として、各種メディアのプラットフォームをつうじて自作のコンテンツを産出・拡散し、旅をめぐる人びとの想像力へと働きかけている[1]。

インターネットを基盤とする新たなプラットフォームのなかで、コンテンツの流通をめぐる構図は大きく書き換わりつつある。難波阿丹はソーシャルメディア・プラットフォームにおける「共有」やそれ以外の特徴について、つぎのように指摘している。

（1）観光をめぐる現代的なコンテンツを考えてみても、昨今それらはインターネット経由で、デジタルデータとして流通するものが大半を占めている。たとえば「じゃらん」「食べログ」「トリップアドバイザー」などのアプリで閲覧＝受容されるのは、ユーザーがインターネットを介して投稿した口コミ情報や写真データというコンテンツである。そして人びとがインターネット上で気軽に投稿し流通させるコンテンツは、膨張するデジタルユニバースのなかで、私たちの旅や観光をめぐるイマジネーションを確実に変容させつつある。

> 情報の送受信のシステムも、映画・テレビジョン・新聞・雑誌と、インターネット上のソーシャルメディア・プラットフォームでは異なっています。第一に、映画制作会社・テレビ局・新聞社などが自社の配信システムによって視聴者に一方的に映像情報を伝達するという形ではなく、「Share（シェア）」という方法によって、利用者同士が動画を「共有」するしくみで伝播していきます。第二に、動画が配信される画面には「評価」や「コメント」が付加され、視聴者の感想や批評をチェックすることができます。第三に、映画やテレビジョンでは映像制作のプロセスに労力と時間がかかるのに対し、YouTubeなどでは利用者が動画を制作して、発信者になることが比較的容易です。したがって、ソーシャルメディアの動画空間では、映像の送受信、評価を通して同時多発的なコミュニケーションが展開され、動画制作者と受信者が絶えず入れ替わり、瞬く間にさまざまな視覚的情報が伝播していくといえるでしょう。（難波 2021 : 30）

難波がここで論及する「共有（シェア）」および「評価」、そして何よりも、利用者が「受信者」にも「発信者」にもなりうるという点は、YouTubeにおいても重要な特徴となっている。これらの特徴をそなえるがゆえに、YouTubeは人びとによるコンテンツ「産出」の場にとどまらず、それに対する「受容」や「評価」を含めて、人びとが交流し互いにコミュニケーションを展開するためのプラットフォームとして機能しうるのである。(2)

ともあれ動画共有のプラットフォームとしてのYouTubeには、多様なスタイルや力量をもつクリエーターが制作したコンテンツが集積することで、巨大なアーカイブが形成されている。YouTube社でチーフ・ビジネス・オフィサーをつとめるロバート・キンセルは、YouTube

(2) ちなみにYouTubeの動画をネタとしたコミュニケーションは、当該プラットフォーム内で完結するものかというと、必ずしもそうとはいえない。多くのユーチューバーは、YouTube以外のソーシャルメディア、たとえばTwitterなどをつうじて発信をおこない、それによってファンたちと交流を展開している。

に無数の独立系クリエーターが集うようになった背景として、コンテンツ制作に必要なコストの低下、および制作に必要な機材の革新が介在していると指摘している。そして、そのうち後者についてはつぎのように言及するのである――「ちょっとした幸運だが、アップルはYouTubeが創設されたのと同じ年に、すべてのコンピュータとラップトップに、iSightカメラを内蔵させることを決め、他のコンピュータメーカーもそれに追随した。この初期のウェブカメラの普及がなければ、YouTube最初の数年間のコンテンツの多くが、つくれなかったかもしれない。スマートフォンの存在も、ビデオキャプチャにおけるもう一つの進化を促し、きわめて高解像度のカメラを誰もが持てるようになった。サムソンは二〇〇九年にHD品質の映像を撮れるスマートフォンを最初に発売し、新たな業界スタンダードをつくった。まもなくGoProが独自のポータブルHDカメラを発売し、それまで誰も見たことのない地点（飛行中のワシの頭や、空中を落ちていく人）から撮った映像が爆発的に増えた。もっと最近の話としては、HDカメラを搭載したドローンが、以前はヘリコプターからしか撮れなかった映像を再現するチャンスを人々に与えている。こんにち、最高級の性能のスマホとポータブルカメラは、たいていのテレビよりも高画質のフォーマット（四KやHDRから没入型三六〇度ビデオまで）で録画できる。まだ画質の粗いウェブカメラで撮影していたとしても、人気を集めるクリエーターがいるのは間違いないだろう（キンセル＋ペイヴァン 2018：43-44）。本章でとりあげる旅行系ユーチューバーのなかにも、iPhoneでの映像撮影を公表している者もいる。つまり身近にある機材をもちいて、それなりに良いクオリティの動画を作成することが容易になったわけである。

ともあれキンセルが指摘するように、「カメラのおかげで誰もがクリエーターになれる可能性が広がり、画面のおかげで誰もが視聴者になれる可能性も広がった」（同書：44）ことは間違いないだろう。つまり送り手の水準からみれば、スマートフォンやドローンに搭載されるようになった「カメラ」の革新と普及が、従来なら行くことさえ難しかった場所で撮影された映像の制作を可能にしたし、また、受け手の水準からみれば、小型化されたスマートフォンやタブレット端末に搭載されるようになった「画面」の革新と普及が、YouTubeなどのプラットフォームをつうじた映像の受容を可能にしたのである。

第3節　YouTubeがもたらす接続性と共感性

日本の状況に目を転じてみても、YouTubeはとくに一〇代や二〇代を中心とする若年層にとって強い影響力をもつプラットフォームとしての地位を確立しつつある。総務省情報通信政策研究所が公表した「令和二年度情報通信メディアの利用時間と情報行動に関する調査報告書」に含まれる「インターネットの利用項目別の平均利用時間」によると、休日に「動画投稿・共有サービスを見る」ための時間は、一〇代が一三一・八分、二〇代が一一五・九分、三〇代が五八・四分、四〇代が四二・七分、五〇代が三三・九分、六〇代が一九・二分となっており、若年層によるこの種のサービスの利用が突出していることがわかる。(3) 動画投稿・共有サービスの代表格がYouTubeであることを勘案すると、それがとくに一〇代や二〇代の若い世代にとって無視しがたい影響力をもったプラットフォームであることは、もはや疑いようのない事実だといえるだろう。

若者たちは、インターネットに接続されたスマートフォンの画面をつうじて、一日のうち多くの時間を動画コンテンツの視聴に費やす。そのようなメディア接触の様態に対応するかたち

(3) https://www.soumu.go.jp/main_content/000765135.pdf (最終閲覧日：2021.9.20)

で、各企業のマーケティング戦略も変化を余儀なくされるだろう。フィリップ・コトラーはその著書『コトラーのマーケティング4・0――スマートフォン時代の究極法則』のなかで「スクリーン技術とインターネット」に言及しつつ、現在ではスマートフォン、タブレット端末、ラップトップ・コンピュータ、テレビなどのスクリーンをとおして、人びとによるメディア接触が実現されている点に着眼しつつ、それがもたらした「接続性（コネクティビティ）」について、つぎのような指摘をおこなっている。

> 接続性を十分生かすためには、それを全体的にとらえることが必要である。**モバイル・コネクティビティ**――携帯端末による接続性――は重要ではあるが、最も基本的なレベルの接続性であり、インターネットはコミュニケーション・インフラとしての役割を果たすだけだ。次のレベルは**経験の接続性**で、顧客とブランドのタッチポイントにおける優れた顧客経験を伝えるためにインターネットが使われる。この段階では、接続性の広さだけではなく深さも重要になる。最後のレベルは**ソーシャル・コネクティビティ**であり、これは顧客コミュニティにおけるつながりの強さをいう。（コトラーほか 2017：42-43　傍点は引用者）

コトラーはこの引用をつうじて「①モバイル・コネクティビティ」「②経験の接続性」「③ソーシャル・コネクティビティ」という三段階でもって、複数の接続性（コネクティビティ）を段階的に整理してみせる。それによるとまず、コミュニケーション・インフラとしてのインターネットに依拠した「①モバイル・コネクティビティ」があり、つづいてそれを前提に、企業と顧客の間隙で「②経験の接続性」が派生する。さらにそのうえで、顧客コミュニティにおけるつながり、すなわち「③ソーシャル・コネクティビティ」が組織されることになる。ようするに、ブランドに対する「共感」に依拠した顧客コミュニティのコネクティビティは、インターネットというインフラ、および企業と顧客とのコミュニケーションを基盤として成立するのである。さらにコトラーは、流行に敏感な若者たちの動向を企業が追跡することの有用性を指摘しつつ、その「顧客はデジタル・ネイティヴであり、接続性を最初に採り入れる層である。そのうえ、世界の人口は時とともに高齢化するので、やがてはデジタル・ネイティヴが多数派になり、接続性がニュー・ノーマル（新しい常態）になるだろう」（同書：43）とも洞察している。

前述してきたように、YouTube は若年層の支持を集めるメディアである。それは一種の巨大なアーカイブであり、若者たちの個別の関心――スポーツ、音楽、ファッション、観光など――に即したさまざまなコンテンツが集約されている。コトラーが示唆するように、「若者はその性質ゆえにきわめて細分化されており、若者が追いかけるトレンドも同様に細分化されている。スポーツや音楽やファッションのトレンドの中には、一部の若者集団では熱狂的な支持があっても、他の若者集団にとっては意味がないものもある。〔中略〕若者が推奨するトレンドの多くが、この細分化のせいで短いブームで終わるが、なかには進化を続けて、首尾よく主流市場に到達するものもある。当初は何百万人もの若者にフォローされるユーチューブ・アーティストとして有名になったジャスティン・ビーバーは、主流市場で大成功をおさめている」（同書：61）。じっさいに日本の状況に目を転じてみても、ユーチューバーとして若者たちの支持を集めた人物が「主流市場」へと到達し、テレビなどのマスメディアに食い込んでいく現象は、昨今よくみかける構図だともいえるだろう。そう考えると、YouTube とは新たな流行がそこから生じるイメージの宝庫であり、今後のトレンドを見極めるためにも、各企業にとって無視できない存在になりつつあるのである。

難波阿丹が論及したように、そもそもマスメディアとソーシャルメディアとでは、「情報の送受信のシステム」が大きく異なる。テレビなど従来からあるマスメディアの場合、視聴者は放送された番組コンテンツをただ一方的に受信するだけの「受動的な存在」でしかなかった。それがYouTubeの場合、視聴者はみずからの意志で、みずからの趣味趣向におうじて、その巨大なアーカイブから視聴したいコンテンツを選び出すことができる。それと同時に、当該システムによってレコメンドされたコンテンツを選択して受容することもできる。ようするにマスメディアと比較するならば、双方向性をそなえたYouTubeのほうがより個人の欲望に最適化されたコンテンツを提供できる仕組みになっているのである。

その一方で、YouTubeでは送信者と受信者との「近さ」の感覚もまた、それを特徴づける要素となっている。これについて難波はつぎのように解説を加える。彼女の言説を援用しておこう。

> YouTuberは、頻繁に短い動画を更新し、人々の「アテンション」を捕捉しようと試みます。たとえば、日本でも一、二を争う人気YouTuberである「はじめしゃちょー」や「ヒカキン」のチャンネル登録者数は七〇〇万人を超え、動画コンテンツが連続して配信されています。なかでもヒカキンは、「ブンブン！ ハローYouTube」という定番のセリフで登場し、ゲームの実況中継、料理の創作といった日常的な光景から、スライムで巨大なプールを作るといった手間のかかる(?)プロジェクトなど、親しみやすいキャラクターを活かしたおもしろみのあるコンテンツを配信することで、人気を博しています。

> YouTuber は、友だち同士のつきあいのような気やすさを演出し、「承認トリガー」を用いて、視聴者があたかも彼・彼女たちと近接した場所において行われているイヴェントに立ち会うかのような、指標的コミュニケーションを展開しているといえます〔中略〕YouTube 動画とは、エンターテイナーである YouTuber と視聴者が相互に創出するイヴェントなのです。（難波 2021：33）

つまりユーチューバーは、視聴者との近しい距離感、まるで友人同士であるかのような距離感を演出し、ファンたちの「ソーシャル・コネクティヴィティ」を形成する。そしてそこでは、ファンたちによる「共感」を可視化＝数値化するための評価機能や、あるいは、他のファンたちの反応を確認するためのコメント欄、ＬＩＮＥや Twitter や Facebook などをつうじてコンテンツをシェアするための共有機能が実装されており、それによって発信者と受信者がともに創出するイベントとしての錯視が形成される環境になりえているのだ。

第4節　旅のイメージの源泉となる YouTube 動画

本章ではこれまで、YouTube 動画のコンテンツとしてのあり方、そして YouTube のプラットフォームとしてのあり方に目を向け、その特徴を詳述してきた。本節からは本格的に、YouTube 上の旅行系コンテンツに対して分析のまなざしを差し向けていきたい。

本章冒頭において述べたように、動画共有のプラットフォームとして存在感を増しつつある YouTube には、目下のところ、旅／観光を題材とする多種多様な動画コンテンツがアップされている。それらは、デジタル時代における「観光」と「メディア」の関係性、あるいは旅をめぐるイメージの供給源を照射するためには恰好の題材であるが、その一方で、そこには既述のとおりさまざまなスタイルやクオリティのものが含まれるので、一括りにすることが難しい領域でもある。じっさい有名無名のさまざまな旅行系ユーチューバーが創作した動画コンテンツを概観してみても、それらのテーマ、長さ、カメラワーク、出演者の役割などはまちまちである。

一概にはいえないことは確かではあるものの、しかし、それらYouTube上の旅行系コンテンツの多くは、旅のプロセス全体、もしくは、その一部を映像として切り取ることにより、視聴者に対して旅のイメージを提示するものとなっている。それらは総じて、一定の時間的な範疇において、「旅の体験」を編集・再構成し、それを視聴者に対して提示し共有させようと試みるものとなっているのである。

近年では、コンテンツツーリズムの視点からYouTube動画を分析する研究も登場しつつある。たとえば菊地映輝は「今までコンテンツツーリズムの研究では、小説、マンガ、アニメなどが具体的な研究対象として取り上げられてきた。しかし、近年では社会の情報化の進展で、インターネット上でコンテンツ作品が生産され、消費されるようになっている。そうした中で、インターネット上のコンテンツをきっかけにしたコンテンツツーリズムも生まれてきている。その代表例が動画共有を目的にした、ソーシャルメディアのユーチューブであろう」（菊地 2021 : 82）と述べつつ、愛知県岡崎市を拠点にグループで活動するユーチューバー「東海オンエア」をとりあげ、その観光伝道師としての役割を分析している。むろん一般的なイメージとは乖離するかもしれないが、YouTube動画を題材とするコンテンツツーリズム研究もでてきているのだ。本章ではこのような昨今の動向を踏まえつつ、具体的な分析の題材として、日本国内のものとしては「おのだ／Onoda」によるチャンネル、海外のものとしては「Sam Chui」および「the Luxury Travel Expert」によるチャンネルを俎上に載せる。以下、それらのチャンネルの概要、およびそこに含まれるコンテンツの特徴をみていきたい。

（1）「おのだ／Onoda」のチャンネルと、そのコンテンツ

「おのだ／Onoda」[4]は、そのYouTubeチャンネルの概要欄に記載があるように、大阪在住、一九八六年生まれの男性ユーチューバーである。概要欄ではさらに、みずからのスタンスについて、「飛行機、ホテル、日本で生活する上でのお得情報をYouTubeで発信中。お金をあまり掛けずにマイル、クレジットカードなどを駆使して、ファーストクラス、ビジネスクラスに乗ったり、上級会員のステータスを獲得することについて日々、研究しています。ＬＣＣ、安宿、変わった場所も大好きです」との自己紹介がなされている。彼は日本人の旅行系ユーチューバーでもとくに高い知名度を誇る人物であるが、その庶民的な語り口と価値観をもとに、海外旅行を中心に旅をあつかったコンテンツを数多く投稿している。より具体的にいうと、マイレージやクレジットカードについての「お得情報」、国際線ファーストクラスの搭乗体験、高級ホテルの宿泊体験、世界各地のグルメ体験などをテーマとするコンテンツにより人気を博しているのである。

二〇二一年九月一五日現在、「おのだ／Onoda」のチャンネルには三五・八万人の登録者がいる。彼による動画のうち視聴回数が多いタイトルを確認してみると、たとえば「シンガポール航空 新スイートクラス（成田⇒シンガポール）搭乗記」、「エミレーツ航空Ａ３８０ファース

（4）https://www.youtube.com/c/OnodaMasashi/videos（最終閲覧日：2021.9.20）

トクラス✈機内にシャワー🚿ドバイ⇒成田」「【世界一周最終回】ＪＡＬ国際線ファーストクラスＪＬ００１便で帰国!! サンフランシスコ⇒羽田」などのコンテンツが上位を占めている。これらはどれもが、多くの人びとにとっての憧れの対象になりうる、レガシーキャリアの上級客席の搭乗体験を題材としたものとなっている。この種のコンテンツでは、出発地の空港から動画がスタートする場合が多い。まず、これから乗ることになる飛行機の便名、出発時間、機種やクラスなどの情報が提示される。そしてユーチューバーである彼の移動経路にそって、その後、航空会社のラウンジ（その内装、フード、ドリンクなど……）を紹介し、さらにその後、航空機へと乗り込む。そしてその後は目的地へと到着するまで、彼が機内で受けるサービス、用意されるアメニティや機内食などを順次紹介していくことになるのだ。

「おのだ／Onoda」の動画に特徴的なのは、移動する彼の周囲の風景に加えて、本人がしばしば画面にうつりこみ、遭遇するさまざまなモノや対象について逐一解説を加えていくスタイルである。たとえば航空機のシートであれば、そこに設置されたさまざまなボタンの個々の機能であるとか、機内食で提供される料理やその食材やその産地であるとか、個別の情報に関してかなり細かく紹介されている印象がある（それにより、当然ながらコンテンツ全体としての情報量は多くなる）。

先述のとおり、旅行系ユーチューバーによる動画であったとしても、それぞれのスタイルによってその構成はまったく異なる。たとえばチャンネル登録者数一・九五万人

図 11－1 「おのだ /Onoda」のチャンネル

の「アベレイジTV（aberageTV）」[5]の動画では、旅の途上で目にする風景が主観ショット的な映像をもとに延々とうつしだされるが、ユーチューバー本人の姿が画面内に登場することはない（本人のキャラクターは、字幕をつうじた解説、および、ところどころ挿入されるYouTube特有の効果音などによって演出される）。関口ケントが『メディアシフト――YouTubeが「テレビ」になる日』のなかで指摘するように、テレビにおける芸能人がたんなる「出演者」であるとすると、ユーチューバーは「〈監督〉〈ディレクター〉〈編成〉〈カメラマン〉〈音声〉……全部をやりながら、もちろん〈出演者〉も務め、どう見られているか、という部分にまで気を配る必要がある」（関口 2020：11）。特定の役割に関するスペシャリストというよりは、むしろ一人何役もつとめるジェネラリストであることが求められる状況のなかで、ユーチューバーがライバルたちとの差異化のために採用するアプローチは往々にして異なる。ユーチューバー本人が視覚的に出演し、視聴者に対して親しげに語りかけるものもあれば、ナレーションをつうじ声のみで出演するものもあるし、また、字幕による解説のみで、本人の姿も声も登場しないものもある。さまざまなパターンのものがありうるわけだが、そう考えると「おのだ／Onoda」の場合には、自撮りで撮影された本人の顔が随所で表象され、搭乗する機種やその座席、あるいは、そこで提供される個々のサービスや物品について詳細に解説が加えられる。またその過程で、庶民的な価値観に裏付けられた発言の数々によって、その親しみやすいキャラクターを演出する、というアプローチが採用されているのである。

それ以外の戦略でいうと、「おのだ／Onoda」はYouTubeのコメント欄のほかにも、ブログ、Twitter、Instagram、LINEなどをつうじて情報発信をおこない、視聴者とのあいだでタッチポイント（受け手に影響を及ぼすための情報接点）を複数化しようと試みている。これ

（5）概要欄によると「宮城県在住の極めて平均的な三〇代アベレイジがお送りするYouTubeチャンネル。基本的に夫婦で行く沖縄旅行などの旅行記を中心に更新しております。気まぐれに更新していきますので、まったりと見て頂ければ幸いです。基本的にiPhoneのみで撮影・編集まで行うユーチューバーです」と解説される。https://www.youtube.com/channel/UC90IPJ6xrNdnRr7DHmd_3Dg（最終閲覧日：2021.9.20）

は、いわば自己をコンテンツ化していくためのメディアミックス的な戦略ともいえようが、コトラーの視座に依拠するならば、このような方針により顧客コミュニティのつながり、すなわち「ソーシャル・コネクティヴィティ」が形成される点も看過できない。彼はこのほかにも、たとえばオフ会[6]やライブ配信を実施することで、ファンの獲得、およびファン・コミュニティの形成を試みている。

（6）https://www.momo8631.com/entry/travel/onodaoff（最終閲覧日：2021.9.20）

（2）「Sam Chui」のチャンネルと、そのコンテンツ

「Sam Chui」[7]は、旅と航空をテーマとするチャンネルを運営する、世界的にも著名なユーチューバーである。チャンネル登録者数は本章の執筆時点で二七一万人を数える。彼のプロフィールには、「私の魂は空にあります（"MY SOUL IS IN THE SKY"）」との言葉につづけて、航空機としてはボーイング７４７が「初恋」の相手だということ、そして、これまでに一〇〇カ国以上を旅し、二〇〇〇便以上に搭乗したことが紹介されている。じっさいにチャンネルに投稿された動画も、旅全般というよりは、「航空」という主題に特化したものが多い。本章の執筆時点で視聴回数上位を占めているのは、「Inside The World's Only Private Boeing 787 Dreamliner!」「The Complete Emirates A380 First Class Review」「$100 Million Boeing Business Jet - Royal Jet」といったタイトルの動画である。

「Sam Chui」の動画に特徴的なのは、航空会社などとのタイアップを前提としたものが多く、画面にパイロットやCAがうつりこみ、ユーチューバー本人とコミュニケーションをとる様子がふんだんに織り込まれている点である。もちろん航空機の内部を紹介するにあたって、座席や機内食、アメニティなどに焦点があたるのは「おのだ／Onoda」と同様である。しかし

（7）https://www.youtube.com/c/OnodaMasashi/videos（最終閲覧日：2021.9.20）

（8）https://www.youtube.com/c/Theluxurytravelexpert/videos（最終閲覧日：2021.9.20）

「Sam Chui」の動画においては、たとえばCAがかわるがわる登場し、ドリンクを差し出したり、あるいはアメニティを差し出したりしながら、コミュニケーションのなかでさまざまなモノが紹介される構成になっている（ユーチューバー本人の姿が登場することもあるが、「おのだ／Onoda」と比べるとそれは総じて控えめな印象がある）。また面白いのは、貨物機に乗り込んでスタッフによる作業の様子をレポートしたり、あるいは、航空管制センターの舞台裏をレポートしたりするなどして、通常の観光客であれば不可能な体験を伝えるコンテンツを制作している。ともあれ「Sam Chui」の動画では、航空業界を支えるスタッフたちに焦点があてられており、ラグジュアリーな旅に憧れる人びとのみならず、飛行機をこよなく愛する彼のような、航空ファンの存在を受け手として意識しているといえるだろう。

（3）「the Luxury Travel Expert」のチャンネルと、そのコンテンツ

「the Luxury Travel Expert」[8]は、登録者八六・八万人を抱えるYouTubeチャンネルである。概要欄によると、このチャンネルの運営者は医師であり、みずからの経験をもとに、「贅沢な旅」をテーマとするフライトあるいはホテルに関する映像をコンテンツとしてYouTubeにアップしているという。視聴回数上位を占めているのは、「Singapore Airlines A380 First Class Suite London to Singapore (PHENOME-

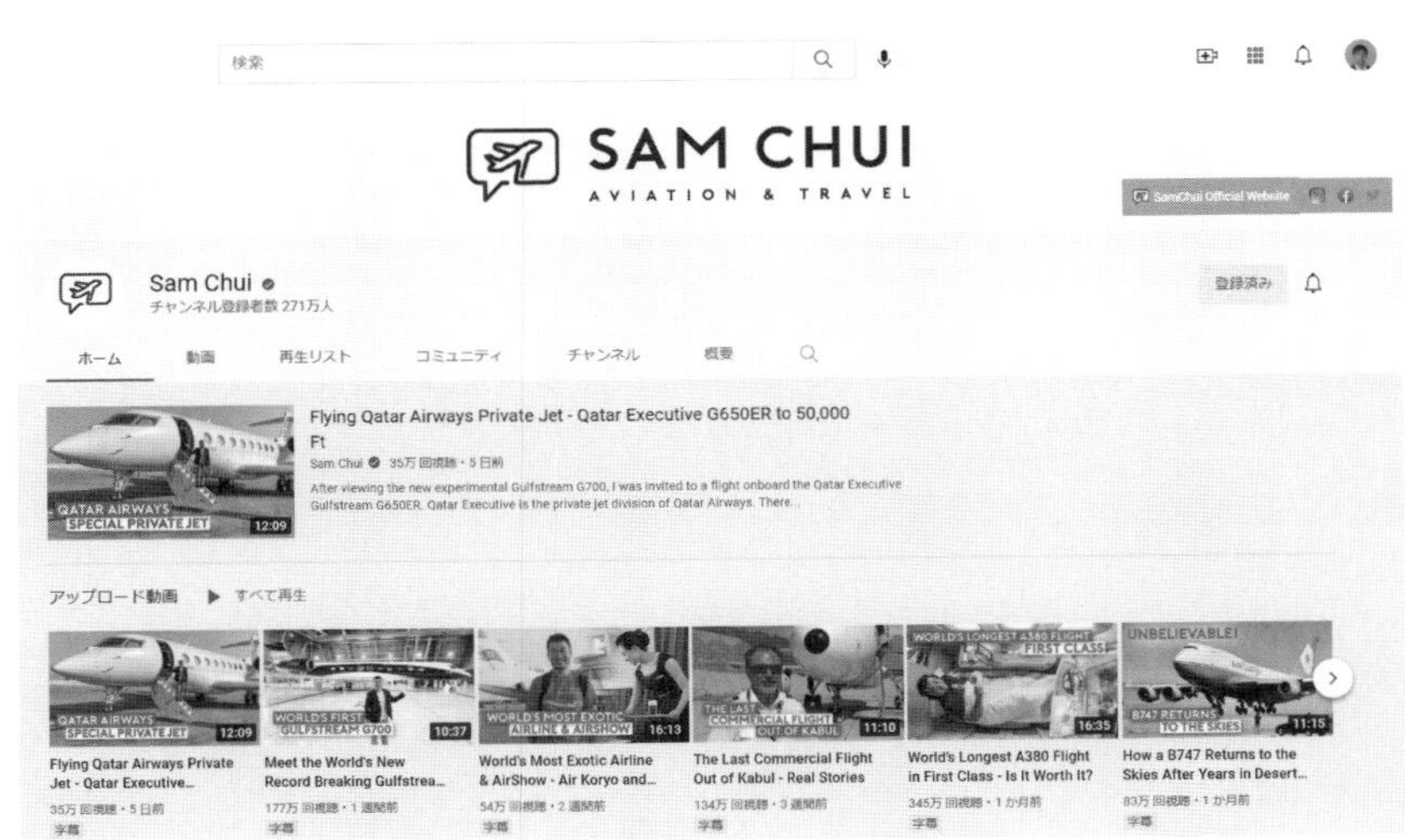

図11－2 「Sam Chui」のチャンネル

NAL!)」「Emirates Boeing 777 new First Class Dubai to Brussels (AMAZING!)」「SONEVA JANI: BEST LUXURY RESORT IN THE MALDIVES (AMAZING!)」といったタイトルの動画である。

やはりこのチャンネルでも、各航空会社のファーストクラスの搭乗体験、リゾート地の高級ホテルの宿泊体験などが紹介されているが、その伝え方や構成などの点で、「おのだ/Onoda」や「Sam Chui」によるそれとはだいぶ趣きを異にする。「the Luxury Travel Expert」のコンテンツにおいては、作り手らしき人物の姿が画面にあらわれることはまずない。それだけでなく、登場人物の台詞というかたちでも、あるいはナレーションというかたちでも、音声による解説は含まれていない。ただし、航空機の座席であるとか、あるいは提供される機内食であるとか、それら視聴者が関心を抱くであろうモノの細部に対しては丁寧にカメラが向けられ、字幕をつうじて解説が施されている。ようするに、ユーチューバーの存在がまったく前景化されていないのである。

全般的にいって、このチャンネルに含まれる映像は美しくみやすいし、また、その背景には、旅に際しての環境音とともに聞きやすいBGMが流れている。ジャンルとしてはVlogに分類されるコンテンツであろうが、まるでYouTubeのジャンルでいえば「作業用BGM」のように、邪魔にならない、いわば「ながら視聴」に適したものとなっている。

図11－3 「the Luxury Travel Expert」のチャンネル

第5節　YouTube 動画による「旅のコンテクスト」の伝達

前節では旅行系ユーチューバーが運営する三つのチャンネル——「おのだ／Onoda」「Sam Chui」「the Luxury Travel Expert」——をとりあげ、それらに含まれるコンテンツの傾向や特徴について概観してきた。これら三者のチャンネルに共通するのは、旅のプロセスをつうじてユーチューバーの周囲に現出するさまざまな風景、あるいはそれを構成するさまざまなモノについて、それらを映像と言葉をつうじて解説していくという点である（その解説は、ときにユーチューバーによる発話やナレーションによって示されることもあるし、また、映像に表示される字幕によって示されることもある）。そしてそれが目指しているのは、おおきな目でみるならば、旅の主体をとりまくコンテクスト、換言すれば、旅で出会う人やモノとの「関係性のネットワーク」を提示することにある。

具体的な事例として、「おのだ／Onoda」の動画では二番目に視聴回数を稼いだコンテンツ、すなわち「エミレーツ航空Ａ３８０ファーストクラス✈機内にシャワー🚿ドバイ⇒成田」[9]の一部（17:14～19:31）をとりあげてみよう。これは、彼がエレミーツ航空のファーストクラスに搭乗したとき、機内に設置されたシャワールームを利用した際のレポートである。そこでの展開を、以下に抜き出してみる。

ここ、やってまいりました。まあエミレーツのね、ファーストクラスＡ３８０といえば、もうね、知っている人は知っているとは思うんですけれども。シャワーがあるんです

（9）https://www.youtube.com/watch?v=Mn_JM6ikXUc（最終閲覧日：2021.9.20）

よ、ちょっとおかしいですよね。〔中略〕ここをひねればシャワーとかでるのかな？　それで面白いのはですね、こちら、五分までとなっております。なので、まあ五分以上シャワー浴びることはできません。それはね、水の関係で、一人が全部使っちゃうとダメということなので、そういう制限があるんだと思います。〔指で使用量メーターを示しながら〕これで、だんだん減っていくみたいです。メーカーはＧＲＯＨＥってところで、ＩＮＡＸとかＴＯＴＯとかではないですね。水がでてきそうで怖いんですけど、やってみましょうか。シャワー、オン。

これは全部で四二分三八秒の動画のうち、ほんの数分のシーンである（一部を省略している）。ここで「おのだ／Onoda」が「五分までとなっております」と発言する際には、映像によって水の使用量を表示するメーターを示し、それに重ねるかたちで左手の五本指を提示しながら、さらに、字幕によって「シャワーは一人五分まで。」と表示する（図11－4）。ややくどいとも思える表現ではあるものの、これより機内におけるシャワールーム利用という珍しい（そして人びとが憧れうる）体験に際しての留意点が紹介されるわけである。また、その後の箇所では、「ＧＲＯＨＥ（グローエ）はドイツの水栓メーカーです。」との字幕も挿入されている。この動画の視聴者にとって、ドイツの水栓メーカーに関心をもつ人がどれほど存在するかは疑わしいが、「おのだ／Onoda」の動画では、ある製品のメーカー名やブランド名が頻繁に言及されており、そのような情報の積み重ねによって、旅の途上で遭遇するモノの「細部」が伝達され、リアリティがうみだされているのである。

ともあれ「おのだ／Onoda」はモノを触りながらそれを解説することによって、みずから

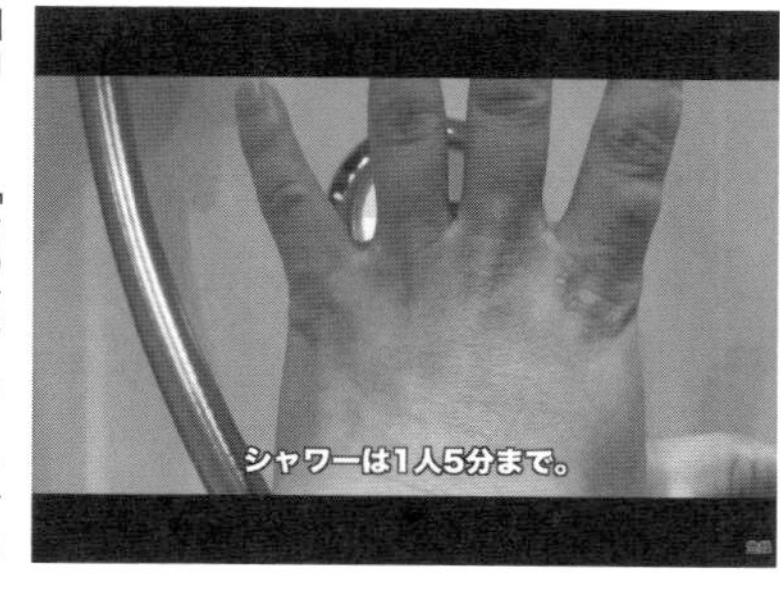

図11－4　「おのだ／Onoda」による解説の一場面

の身体的な経験をつうじて旅のコンテクスト、あるいは、みずからを中心とする他の人物や事物との「関係性のネットワーク」を視聴者へと伝達しようとする。これは「Sam Chui」や「the Luxury Travel Expert」の動画に関しても同様であろう。むろんそこで採用される表現上のアプローチは異質だが、どの動画においても旅のプロセスをつうじて、ユーチューバーの周囲に現出する他者や風景、あるいはそれを構成するさまざまなモノに焦点をあてながら、旅の主体をとりまくコンテクストの映像的な再構成が試みられている。エミレーツ航空A380のファーストクラスに搭乗すれば、そのスタッフや物品との関係のなかでどのような経験が与えられうるか――これらのコンテンツはモノへの言及によって「旅のコンテクスト」を提示しながら、視聴者による想像を可能にする「イメージの供給源」になりえているのである。

私たちが日常生活において、視界にはいる見慣れたモノをまじまじと凝視する経験はあまりないかもしれない。これに対して、前記のコンテンツ群に包含される「モノへの凝視」という要素は、旅という非日常的な空間を演出するうえで重要や役割を担っている。この種の動画においては、日常生活では触れることのない贅沢な搭乗体験や宿泊体験が「モノへの凝視」をつうじて視聴者へと伝達される。貴重な食材、高価なアメニティ、珍しい体験で画面を覆いつくすことにより、旅に際しての非日常的な時空間が表象される。そして視聴者は日常生活のなかでそれを受容することにより、みずからの将来における旅を妄想し、コンテンツが提示した旅先のコンテクストに身を置きたいと欲望することになるのである。

第6節　「台本」としてのYouTube動画

新型コロナウイルス感染症以後、旅行系ユーチューバーも軒並み影響を受け、取材に行けなくなったり、方向転換を強いられたりしたケースも珍しくはない。感染が拡大していた二〇二〇年三月六日の段階で、「おのだ／Onoda」も「旅行系YouTuber終了のお知らせ……」[10]というタイトルでYouTubeのライブ配信をおこない、コメント欄をつうじたファンたちとのやりとりのなかで、ユーチューバーとして活動することの難しさを吐露している（その後、彼はウーバーイーツ配達員に挑戦するなど、新たな方向性を模索したこともある）。むろん多くの旅行系ユーチューバーにとって、コロナ禍はその後も厳しい状況を突き付けていくわけであるが、しかし彼らの動画がステイホームを強いられる旅行好きの人びとにとって、日常生活のなかで旅を想像する貴重な手段になりえていたことは確かであろう。それでは、YouTubeという巨大なアーカイブが旅をめぐるイメージを供給している現状を私たちはどう理解することができるだろうか。以下ではいくつかの理論的視点をまじえながら、これについてさらに考察を深化させていきたい。

YouTubeにおける旅行系動画では、一定の時間軸のなかで「旅の体験」が再構成され、視聴者に対してそれがコンテンツとして提示される。それはフランスの哲学者、ベルナール・スティグレールがエドムント・フッサールの用語をもちいて論じる「時間対象」（Zeitobjekt）を援用して捉えなおすこともできるだろう。ここでいう「時間対象」とは、やや単純化していえば、それ自身のなかに時間の経過を含むコンテンツとして捉えることができる。本をつうじて

（10）https://www.youtube.com/watch?v=nydhuLqLQJM（最終閲覧日：2021.9.20）

文字を読む場合などは、その速度は読み手の意志によって調整が可能であるが、これに対して「時間対象」である音楽や映画などは、それ自身のなかに時間性が織り込まれており、受け手はただその対象の時間を追いかけることしかできない。スティグレールは『技術と時間3 映画の時間と〈難-存在〉の問題』のなかで、ラジオや映画、テレビといった情報メディア産業がうみだす「時間対象の特徴は、その流れが、それを対象とする意識の流れと「逐一」一致することにある。つまり、対象の意識は、この対象の時間を取り込むのだ。意識の時間は、対象の時間なのである（意識の時間＝対象の時間）。映画に典型的な同一化を可能にする取り込みのプロセスとは、このようなものだ」と主張する（スティグレール 2013 : 59）。なお、技術哲学を専門とする谷島貫太はスティグレールの見解に対して、つぎのような解説をおこなっている。

> 映画やテレビといった時間対象においては、〔中略〕その出来事が語られる時間の流れそのものが「取り込まれる」のだとスティグレールは主張する。ここには、人びとの意識の流れが産業的対象になるという新たな事態が見いだされる。二時間の映画を制作するということは、その映画を鑑賞する二時間の意識の流れを作りだす、ということでもあるのだ。（谷島 2016 : 49）

音楽、ラジオ、映画、テレビ、さらにはYouTubeの動画などにも該当することであろうが、それら一定の時間の流れを含むコンテンツは、それをみる人間の「意識の流れ」を作りだすことになる。そしてそのプロセスにおいて、人びとはコンテンツがうみだす想像力をみずからのうちに取り込むことになるのだ。

先述のとおり、YouTube の旅行系コンテンツも、その動画の時間軸のなかで「旅の体験」を再構成し、それを視聴者に伝達しようと試みるものとなっている。そしてそれは旅に憧れる視聴者にとっては重要なイメージの供給源でありつつ、じっさいの旅に際しては、一種の「台本」を提供するものにもなりうるだろう。

とはいえ、その「台本」としての YouTube 動画が視聴者（＝未来の観光客）の体験を一方的に規定するものになりうるかというと、必ずしもそうとはいえないだろう。山口誠は、ジョン・アーリとヨーナス・ラースンによる「メディア化されたまなざし」なる概念――すなわち、何らかのメディア表象によって有名になった観光地をみるまなざし――を援用しつつ、それが観光客の体験を一方的に規定するものではない点に目を向けている。彼によると「「メディア化されたまなざし」は確かに「台本」として参照されるものの、その「台本」の「演じ方」（ドラマトゥルギー）は個々の観光者によって多様であり、そして「台本」とパフォーマンスのあいだには「解釈学的循環」が生じ得る」と解説している（山口 2019 : 99）。これは YouTube における旅行系コンテンツの受容を考えるうえでも参考になる言説ではないだろうか。「時間対象」としてその動画を考えるとき、視聴者はそれをみずからが観光客になる際の「台本」として活用しうるわけだが、他方では、その演じ方は個々によって多様であるともいえる。そして人によっては、その台本を参照して「型どおり」のパフォーマンスを遂行したり、あるいはそれとの差異化を企図して、型から外れたパフォーマンスに依拠してそれを撮影し、動画という「台本」を新たに YouTube へとアップしたりしうるのである。

小括

ここでいまいちど、第2節で言及した書籍、『いま私たちをつなぐもの――拡張現実時代の観光とメディア』へと立ち戻っておこう。現代における「観光」と「メディア」との錯綜した関係性を解きほぐすうえで、ジョナサン・クレーリーによる名著『観察者の系譜――視覚空間の変容とモダニティ』への言及から切り出されるこの書においては、山田義裕による「第1章　偶有性の触媒としての観光――拡張現実時代の「共在」に関する一考察」がそれを理解する貴重な手掛かりを与えてくれる。「Web2.0」「CGM、UGC」「共在」「コンテンツ志向／コミュニケーション志向」「弱い紐帯」「フィルターバブル、エコーチェンバー」「情動」「デジタル・パノプティコン」「偶有性」など、数々のキーワードが踵(きびす)を接して展開される章であるが、「社会のモバイル化」の見取り図を与えてくれるその議論のなかでもとりわけ重要なのは、本のタイトルにも含まれる「拡張現実」ではないだろうか。とはいえ当該概念はこの書において、実在の風景にバーチャルな情報を重畳する知覚拡張のテクノロジーのみに限定して使用されるわけではない。山田はこれに言及するにあたり、かつて宇野常寛が提示した「虚構」概念をめぐる仮説（宇野 2011 : 401）――一九九〇年代における「仮想現実」（すなわち、現実とは切り離されて独立に存在する「もう一つの現実」）から二〇〇〇年代における「拡張現実」（虚構は仮想現実のように「〈外部〉＝もうひとつの現実として機能するのではなく、むしろ現実の〈内部〉を多重化し、拡張する存在として機能」するようになった）への移行――を参照しながら、その、いわば拡張された「拡張現実」概念を彼らの本の基軸として設定するのである（山田＋岡本 2021：4）。

本章でとりあげたYouTubeという動画共有プラットフォームは、旅をめぐるイメージが無際限に生成され流通し相互にせめぎあう重要な舞台となりつつある。「現実／虚構」「リアル／バーチャル」「オンライン／オフライン」をめぐる単純な二項対立がもはや通用せず、それらを構成する両項が密接かつ複雑に絡み合い、ときに相互浸透しながら私たちの日常を形成しつつある現状を勘案すればなおさら、「観光」と「メディア」との今日的な関係を垣間見せるそれらに注目することの意義が明確になるといいうるのではないだろうか。

（松本健太郎）

○引用・参考文献

アーリ、ジョン（2015）『モビリティーズ――移動の社会学』吉原直樹＋伊藤嘉高訳、作品社

宇野常寛（2011）『リトル・ピープルの時代』幻冬舎

菊地映輝（2021）「観光伝道師の役割を果たすユーチューバーたち」増淵敏之＋安田亘宏＋岩崎達也編『地域は物語で10倍人が集まる――コンテンツツーリズム再発見』生産性出版、81-100頁

金暻和（2021）「ソーシャルメディアと「関心の経済学」――メッセージの制作から流通の時代へ」小西卓三＋松本健太郎編『メディアとメッセージ――社会のなかのコミュニケーション』ナカニシヤ出版、33-45頁

キンセル、ロバート＋マーニー・ペイヴァン（2018）『YouTube革命――メディアを変える挑戦者たち』渡会圭子訳、文藝春秋

コトラー、フィリップほか（2017）『コトラーのマーケティング４・０――スマートフォン時代の究極法則』藤井清美訳、朝日新聞出版

スティグレール、ベルナール（2013）『技術と時間３　映画の時間と〈難-存在〉の問題』石田英敬監修・西兼志訳、法政大学出版局

関口ケント（2020）『メディアシフト――YouTubeが「テレビ」になる日』宝島社
谷島貫太（2016）「第2章 ベルナール・スティグレールの「心権力」の概念――産業的資源としての「意識」をめぐる諸問題について」松本健太郎編『理論で読むメディア文化――「今」を理解するためのリテラシー』新曜社、45-61頁
難波阿丹（2021）「動画視聴は自由な意志でなされているのか?」松井広志+岡本健編『ソーシャルメディア・スタディーズ』北樹出版、29-35頁
山口誠（2019）「メディア――「型通り」のパフォーマンスの快楽」遠藤英樹+橋本和也+神田孝治編『現代観光学――ツーリズムから「いま」がみえる』新曜社
山田義裕（2021）「序論　観光、メディア、そして拡張現実」山田義裕+岡本亮輔編『いま私たちをつなぐもの――拡張現実時代の観光とメディア』弘文堂、i-vii頁

第12章 個人的空間のテーマパーク化
——位置情報ゲーム「ドラクエウォーク」を題材に

第1節 デジタルツイン時代におけるテーマパーク的空間の拡張

本章を切り出すにあたって、まず、南米の作家ホルヘ・ルイス・ボルヘスが彼の短編集のなかで引用しているつぎの文章を紹介しておこう。

> その帝国では地図作成法の技術が完璧の域に達したので、ひとつの州の地図がひとつの市(まち)の大きさとなり、帝国全体の地図はひとつの州全体の大きさを占めた。時のたつうちに、こうした厖大な地図でも不満となってきて、地図作成法の学派がこぞってつくりあげた帝国の地図は、帝国そのものと同じ大きさになり、細部ひとつひとつにいたるまで帝国と一致するにいたった。(ボルヘスほか 1998：139)

この虚構世界では、ある帝国を表象した原寸大の地図がそれと対応する地域を覆い尽くす、という構図が成立している——つまり「地理」とその代理表象である「記号」とが完全に合致しているのだ。通常、私たちが必要におうじて参照する地図は、現実の地理の視覚的なミニチュアを提示するものであり、また、その地理的現実に随伴する複雑性を捨象して抽象化されたものでもある。大きさの点で現実の地理と一致したボルヘスの地図がその本来の役割を果たしうるかというと、それは困難であるといわざるをえないだろう。

一見すると、ボルヘスが紹介するこれは、実際にはありえそうもない話のようにみえる。しかし他方で「ミラーワールド／デジタルツイン」という概念が端的に示唆するように、昨今ではIoTなどによって、物理的空間における各種の情報を収集し、それをもとにサイバー空間のなかで、そのリアル空間を模倣的に再現するための技術も発達しつつある。二〇一九年六月一三日発行の『WIRED』VOL.33における「MIRROR WORLD──#デジタルツインへようこそ」特集では、「ミラーワールド／デジタルツイン」という概念について以下のように解説されている。

> ミラーワールド──それはこの世界のデジタルツインであり、物理的なリアルワールドにぴったりと重なるもうひとつのレイヤーだ。それはルイス・キャロルが描いた鏡の国であり、人類がこれまで幾度となく夢想してきた共同主観としてのパラレルワールドだ。唯一、時代の想像力を凌駕しているとすれば、それが、いまや現実に実装されつつあることだろう。インターネットがすべての情報をデジタル化し、SNSがすべての人々のつながりをデジタル化したように、ミラーワールドはその他すべてをデジタル化する。
>
> （『WIRED』VOL.33　2019 : 25）

むろん現時点では、完全なミラーワールドが実現される段階には至っていないが、しかし私たちはその萌芽をGoogleストリートビューやポケモンGOのなかに認めることができるかもしれない。デジタル地図と連携したそれらのサービス／ゲームは、私たちが生きる世界にもう一つのレイヤーを付け加えるだけでなく、もともとある場所に付随していた意味空間、およびそれを受容する人びとの行動図式を組み替える可能性をもちうる。本章ではそのことを念頭においたうえで、リアルとバーチャルの間隙で人びとの行動を誘導する位置情報ゲームをとりあげ、それを「テーマパーク的空間の拡張」という観点から考察していくことにしよう。

第2節　PR動画から考える「ポケモンGO」と「ドラゴンクエストウォーク」

ここではまず、位置情報ゲームをとりあげるにあたって、日本では二〇一六年七月二二日にリリースされたPokémon GO（以下、「ポケモンGO」と表記）、および二〇一九年九月一二日にリリースされた「ドラゴンクエストウォーク」（以下「ドラクエウォーク」と略記）のPR動画に着眼してみたい。

このうち前者、ポケモンGOのPR動画[1]は、ゲームそのもののリリースに先立つ二〇一五年九月一〇日に公開されている。この動画はまず、宇宙空間に地球が浮かぶシーンからはじまる。その後、東京タワー、つづいてエッフェル塔など、各国の大都市を象徴するランドマークがうつしだされ、それらのシーンに挟み込まれるかたちで、国内の下町の路地、そして国外の自然豊かな大地で、プレイヤーたちがスマートフォンを片手にピカチュウを捕まえようとする姿が表象される。そしてさらに、人びとがニューヨークのタイムズスクエアに出現したミュウツーをめがけて集まり、そのバトルに熱狂する様子がうつしだされる。そして再び、地球が宇宙空間に浮かぶシーンへと戻り、その映像に「Pokémon GO」のロゴが重ねられて動画は終わ

（1）https://www.youtube.com/watch?v=IKUwVYUKii4（最終閲覧日：2021.1.23）

図12－1　「ポケモンGO」のPR動画（『Pokémon GO』初公開映像）

る。周知のとおり、ポケモン関連コンテンツは全世界的な人気を誇るが、まさにこれは「ポケモンＧＯ」による「地球規模の熱狂」を描出するものといえよう。

これに対して後者「ドラクエウォーク」のＰＲ動画は[2]、ゲームそのもののリリースに先立つ二〇一九年六月三日に公開されている。こちらの動画はまず、日本を代表する観光スポット——渋谷のスクランブル交差点にはじまり、横浜赤レンガ倉庫、東京スカイツリー、鳥取砂丘、道頓堀など——が立て続けに登場する。そしてさらに、訪日外国人が関心を抱くと考えられるさまざまな要素、たとえば魚市場、相撲部屋、回転寿司、ねぶた祭などのシーンが登場する。ただし、それらすべての「日本的」なシーンに、「ドラゴンクエスト」のモンスターたちが登場するのである。たとえば、渋谷のスクランブル交差点では、通行人たちの足もとをスライムたちが埋め尽くす。赤レンガ倉庫では、その界隈をゴーレムが襲撃する。相撲部屋では、力士とボストロールが稽古をしている。つまりＰＲ動画によって描かれているのは、「ドラクエウォーク」が日本の観光名所のイメージを書き換えていく様子なのである[3]。

「ポケモンＧＯ」にせよ、「ドラゴンクエストウォーク」にせよ、実際にそれぞれのゲームをプレイしてみると、前記のＰＲ動画が描く世界とはだいぶ異なる印象もあるが、しかしその一方で、各動画はゲーム本体のリリースより前に公開されたものであることから、開発に際して目指されていた方向性を顕著に示唆するものといえよう。

ともあれ双方のＰＲ動画に関して象徴的なのは、ある物理的な場所が位置情報ゲームによって、ポケモン／モンスターたちが出現する空間へと変換される、という点である。それは、さながら「テーマパーク」のようでもある。というのもそれらのゲームアプリ、およびそれを駆動するためのスマートフォンは、私たちが生きる世界にもう一つのレイヤーを重畳することに

（2）https://www.youtube.com/watch?v=tbp9V_uA6_U（最終閲覧日：2021.1.23）

図12-2　「ドラクエウォーク」のＰＲ動画（「ドラゴンクエストウォーク」発表ＰＶ）

よって、それを架空のキャラクターたちが出現する「テーマパーク的空間」として再構成するからである。「ポケモン」であればそのテーマや世界観、「ドラゴンクエスト」であればそのテーマや世界観に依拠して、換言すれば、既存のコンテンツとの関係性のなかで、位置情報ゲームはユーザーに対して現前する意味空間を転換するのである。

(3)「ドラクエウォーク」には、ツーリストの誘致を指向するさまざまな仕掛けが実装されている。実際に指定された場所を訪問することで、四七都道府県の名物をお土産として獲得しコレクションできる「全国おみやげずかん」などはその一例である。あるいはそれ以外にも、たとえば「温泉めぐりキャンペーン」(二〇二〇年一一月一六日~二〇二一年三月一日)などのかたちで、現地への訪問を前提とした期間限定のゲーム内イベントも企画されている。

第3節　スマートフォンによる「テーマパーク的空間」の拡張

「テーマパーク」概念とその現在における様態を考えるにあたって、ジャン・ボードリヤールによる言説が参考になるのではないだろうか。彼は一九八一年の著作である『シミュラークルとシミュレーション』のなかで、ディズニーランドの空間性を次のように論じている。

ディズニーランドは、錯綜したシミュラークルのあらゆる次元を表わす完璧なモデルだ。それはまず錯覚と幻影の遊びだ。〔中略〕ディズニーランドの外側に駐車し、内側で行列をつくり、出口では完全に放り出される。この空想世界の唯一の夢幻は、といえば、それは群衆をつつむやさしさとあふれるばかりの愛情、という夢幻であり、群衆の情動をある状態に保つためだけに存在するガジェットの数量が必要十分であり、なお過剰なまでにあるような気分にさせることだ。強制収容所としか言いようのない駐車場の隔絶した孤独との対比は完璧だ。というよりむしろ、内側では多様なガジェットが予定通りの流れに群衆を引きつけ、外側には孤独に導く唯一のガジェット、つまり自動車がある。(ボードリヤール 2008 : 16-17)

ここでボードリヤールは、人びとの情動をコントロールするガジェット（＝アトラクション）、および人びとを孤独に導くガジェット（＝自動車）の対比を際立たせながら、テーマパークの内と外とを隔絶したものとして描写していたが、しかしそれはあくまで、今から数十年前の話であろう。現在では、各種のテクノロジーや手法の発達によって、「テーマパーク的なるもの」も姿を変えつつあり、また、「テーマパーク化」を喚起するアプローチも多様化しつつあるように思われる。

実際、現代社会において「テーマパーク」は空間画定的な概念としてではなく、より柔軟性をおびたものとして語られる傾向にある。たとえば鈴木涼太郎は「「小江戸」というテーマのもとに空間が統一され、〔中略〕江戸時代にタイムスリップしたかのような体験ができる場所」として川越の街をとりあげ、「テーマパーク小江戸」が成立する仕掛けについて分析を展開している（鈴木 2019：74）。もともとディズニーランドの場合、「園内からは外の風景が見えず、全体が周囲から切り離された世界を構成している」という点において「その空間的な閉鎖性・自己完結性」を特徴としている（吉見 2007：77）が、他方の川越の場合、鈴木が指摘するように「いくらテーマパーク的な場所であっても、一般住民の出入りは自由」（鈴木 2019：78）であり、空間的な閉鎖性はない。

別の例をあげるならば、東浩紀はさらに大きな規模で「地球そのもの」のテーマパーク化に論及している。すなわち彼によると、「現代世界はかつてなくフラットになりつつある。世界のどこでも同じ仕事ができ、同じ生活ができる、そのようなインフラが整いつつある。〔中略〕ぼくたちはいまや、つい数十年前までは命を落とす覚悟でしか赴けなかったような場所に、あるていどの金さえ出せばいともたやすく行ける時代に生きている。ツーリズムのフラットな視線が引き起こすその変化を、地球のテーマパーク化とでも呼んでみよう。そう、ぼくたちはいま、地球全体がテーマパーク化しつつある時代に生きているのだ」と述べられるのである（東 2019 : 26–27）。

ここで東が論及するインフラ――「世界のどこでも同じ仕事ができ、同じ生活ができる、そのようなインフラが整いつつある」――を考えるにあたって、それをアンソニー・エリオットとジョン・アーリが語る「ネットワーク資本(4)」と結びつけて理解することもできるだろう（エリオット＋アーリ 2016 : 14–15）。彼らによると、この概念とはモビリティ領域の拡大と洗練から派生したものであり、文化資本や経済資本とは異なる形態で新たな権力を生みだしつつある、とされる。ネットワーク資本とは「かなりの程度、主体なき、コミュニケーションによって駆動された、情報を基盤としたもの」だと位置づけうる。そしてこれを高い水準で保有する人びとは、地理的なモビリティを経験しつつも、他方では「さまざまな状況にいながら、緊密に社会的なコンタクトをとり、「家にいるかのようにくつろぐ」こともできる」という。私たちの（旅を含む）社会的経験は、携帯電話、Eメール、インターネット、アクセス・ポイントなどの要素、およびそれらの集合が織りなす動的なネットワークをつうじて実現される。そしてそのネットワークの帰結として、人びとが自己／他者の経験を意味づけるための「文脈＝コンテクスト」がそのつど形成されていくのである。

そう考えてみると、東のいう「地球のテーマパーク化」の前提には、エリオットらが提起する「ネットワーク資本」、とりわけその重要な構成要素としてのスマートフォンが介在していると考えられる。ともあれ、インターネットと紐づけられたスマートフォン（「ネットワーク資本」の構成要素）、および、そのなかで作動するゲームアプリ（「テーマパーク的空間」の構成要

（4）ネットワーク資本を構成する重要な要素としてあげられるのは、「① 一連の適切な書類、ビザ、カネ、資格」「② 招待し、もてなし、実際に会ったりする遠くにいある他者（仕事仲間、友人、家族）」「③ 環境と関連した移動の能力」「④ 場所にとらわれない情報やアクセス・ポイント」「⑤ コミュニケーション機器」「⑥ 移動の途中であれ目的地であれ、オフィス、社交クラブ、ホテル、自宅、公的な場所、カフェ、空き地を含めて、適切かつ安心で安全に会うことのできる場所」「⑦ 自動車、ロードスペース、燃料、リフト、航空機、鉄道、船、タクシー、バス、市電、マイクロバス、メールアカウント、インターネット、電話などにアクセスできること」「⑧ ①〜⑦を管理し調整できる時間と、それ以外の資源」であるとされる。補足しておくと、このうち③には携帯電話、Eメール、インターネット、スカイプなどを「利用できる能力やそうしようとする意思」が含まれるとされる。また④にはアドレス帳、秘書、ウェブサイト、携帯電話などが含まれ、これらによって情報やコ

素）によって、位置情報ゲームは「ポケモン世界」や「ドラクエ世界」といったかたちで、人びとが依拠する新たなコンテクストをもたらす。そしてそれらのゲーム的なコンテクストが生成するものを「テーマパーク的な空間[5]」として把捉してみることもできよう。つまるところ位置情報ゲームの技術的なセッティングによって、また、それらが包含するテーマ性に依拠して、個々人が生きる意味世界がソーティングされるのである[6]。それは、かつてジョシュア・メイロウィッツが触れた「状況地理学」の変容（メイロウィッツ 2003：32）の延長線上に位置づけうる事態だといえるだろう。

第4節 「ドラクエウォーク」のなかの「広告都市」

「ミラーワールド／デジタルツイン」を指向するかのようにもみえる位置情報ゲーム――「ポケモンＧＯ」／「ドラクエウォーク」――は、現実の社会における「資本の論理」と無関係ではありえない。以下で「ドラクエウォーク」の事例として、二〇二〇年一〇月二七日から一一月三〇日まで当該ゲーム内で開催されたイベント、「LAWSON ×ドラゴンクエストウォーク・コラボクエスト」をとりあげてみたい。

図12-3にあるように、当該イベントではリアル店舗の位置情報に即して、ゲーム内のフィールド、すなわちデジタル地図上にローソンの看板が出現する。そしてそれをタップすると、一日に一回「コラボくじ」をひくことができ、それによってローソンの実店舗で使える無料券や割引券があたる仕組みになっている。これはいわゆる「プロダクトプレイスメント広告」、すなわち映画やテレビドラマにおいて、役者の小道具もしくは背景として、実在する企

ミュニケーションを交わすことができるという。

（5）むろんこれらのアプリがもたらすのは厳密にいえば「テーマパーク」ではないが、しかし他方で、それらが「テーマパーク的空間を現前させる」とはいえるかもしれない。ボードリヤールの主張から数十年が経過したことにより、スマートフォンなどがその形成に関与する「ネットワーク資本」の充実によって、「空間のテーマパーク化」を実現する各種の手法／技術が変化した、といえるのではないだろうか。

（6）意味空間をソーティングする作用をもつアプリとしては、やはり同様にデジタル地図と連携した「食べログ」（それは「食」というテーマにもとづく）や「ラーメンマップ」（それは「ラーメン」というテーマにもとづく）などにも認めることができよう。

業名・商品名〔商標〕を表示させる手法の進化形ともいえるだろう。

「LAWSON×ドラゴンクエストウォーク・コラボクエスト」は、虚構空間の内部に散りばめられた企業名や商品名によって、ゲーム世界を広告化する役割をそなえている。以前、北田暁大は『広告都市・東京』のなかで、ピーター・ウィアー監督による『トゥルーマン・ショー』（1998）――この作品は、トゥルーマンを主人公とするリアリティ番組「トゥルーマン・ショー」を題材とするメタフィクショナルな映画である――をとりあげながら、「ちょうどディズニーランドという夢の空間が、その外部にある巨大な資本によって、夢の空間たりえているように、〔番組「トゥルーマン・ショー」の舞台＝巨大なセットである〕シーヘブンという閉ざされた記号世界も、完璧な閉鎖性、つまり不自然でない日常性を維持するためには、資本という外的ファクターを導入しなくてはならない」（北田 2011：19）と解説しながら、外部にある「資本」が広告をつうじて番組内部のコンテンツ世界へと流入する事態に目を向けている（図12-4）。これと比較するならば、やはり「ドラクエウォーク」の場合にも、リアルとバーチャルが重畳されたコンテンツ世界に対して、スポンサー企業による「資本」の力が外部から流入してくるという点で、同様の構図が認められるのである。

なお、北田は映画『トゥルーマン・ショー』について、「一九七〇年代以降上梓されたいかなる広告研究書よりもはるかに深く、広告なるものの「歴史的本質」を解き明かしてくれている」（同書：10）と主張しつつ、一九八〇年代における渋谷をとりあげながら、それを「都市の

図 12-3 「LAWSON ×ドラゴンクエストウォーク・コラボクエスト」

シーヘブン化」[7]という観点から分析している。他方その時代と比べるならば、「ドラクエウォーク」の場合、そのゲームを介した都市の現実／虚構の関係はより錯綜したものになりつつあると考えられる。これに関しては、既述の「LAWSON×ドラゴンクエストウォーク・コラボクエスト」に際して同時期に企画された「コラボ装飾店舗」を事例として考えることもできよう（実施期間は二〇二〇年一〇月二七日〜一一月三〇日）[8]。この企画においては、実在する店舗のいくつかがそれに指定され、店舗が「ドラクエウォーク」のイラストによってラッピングされるとともに、関連グッズが販売されたのである。

ちなみにマーク・スタインバーグはコンビニエンスストアを分析したその論考のなかで、「物流は、モノと人の動きを管理する技術であり、科学である。一方のメディアミックスは、物事を循環させ、特定のキャラクターや物語、フランチャイズを適切に配置することで、人びとを、この循環に反応させたり、参加させたりする技術だ。〔中略〕つまり、「物流」と「メディアミックス」は、モノと人の循環の相補的な包囲という点で共通しており、コンビニは、この循環ネットワークの結節点なのである」（スタインバーグ 2018: 40-41）と指摘しているが、「ドラクエウォーク」ではまさにコンビニエンスストアを拠点としながら、現実と虚構の境界を越境するかたちで、人びとの欲望や行為を誘導する仕掛けが用意されているのである。

図12-4 映画『トゥルーマン・ショー』の世界構造
（北田 2011:15）

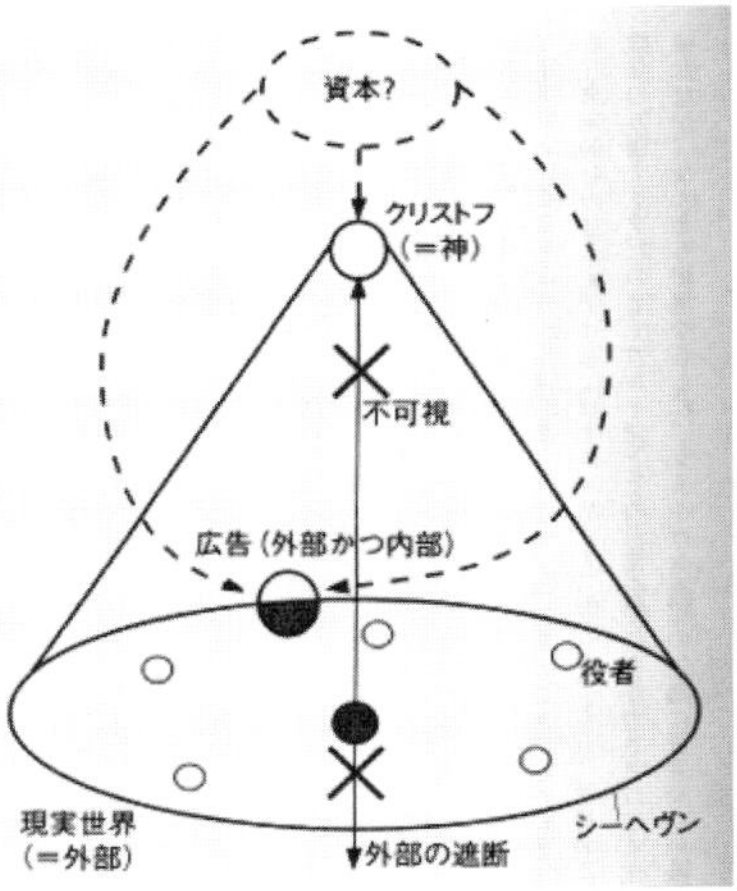

（7）これについて北田は次のように語る――「直接的な広告ではなく、消費者の生活空間のなかにひっそりと入り込んでいくような広告戦略、ちょうど私が「幽霊化」と呼んだ広告の方法論を、西武‐セゾン・グループは多様な形で実践していたのである。〔中略〕こうした西武‐セゾン・グループの文化戦略は、七〇年代末から八〇年代にかけて、渋谷という都市空間において最高潮に達する。そこでは渋谷という都市そのものがパルコ

第5節 「地理的・建築的な空間」と「デジタルな空間」の相互形成性

現在、私たちは都市空間を移動中に、デジタル地図と連動した各種のアプリを起動させて、ショップの情報を調べたり、レストランの口コミを探したりすることが当たり前になりつつある。吉見俊哉によると「今日、デジタル技術はビル壁面から携帯端末までのデジタル・スクリーンとして爆発的に増殖し、都市のなかに拡散しているだけではない。より重要なことは、地理的・建築的な空間であるはずの都市そのものが、実質的にデジタルな空間として再構成され、メディア空間と建築空間の境界線を限りなくぼやけさせていることだ。つまり私たちが経験しているのは、さまざまなメディアが都市のなかに溶け出していった状況という以上に、都市がメディアのなかに溶け出していく状況」だとされる（吉見 2015：1）。そして、そのような視座に依拠するならば、「ポケモンGO」や「ドラクエウォーク」のような位置情報ゲームは、「地理的・建築的な空間」と「デジタルな空間」との現代的な関係性、あるいは、その相互形成性を垣間見せてくれる恰好の題材として理解しうるかもしれない。

（松本健太郎）

○引用・参考文献

東浩紀（2019）『テーマパーク化する地球』ゲンロン
エリオット、アンソニー＋ジョン・アーリ（2016）『モバイル・ライブズ――「移動」が社会を変える』遠藤英樹監訳、ミネルヴァ書房
北田暁大（2011）『増補 広告都市・東京』筑摩書房

によってラッピングされ、そのままパルコの広告となる。いわば、シーヘブンとしての渋谷の構築だ。幽霊化の極点としての「都市のシーヘブン化」――それは夢物語ではなく、八〇年代の都市空間においてたしかに現実化していたのである」（北田 2011：45-46）。

（8）https://game8.jp/dqwalk/357680（最終閲覧日：2021.1.23）

鈴木涼太郎（2019）「舞台としての観光地――「小江戸川越」を創造する空間とパフォーマンス」西川克之＋岡本亮輔＋奈良雅史編『フィールドから読み解く観光文化学――「体験」を「研究」にする16章』ミネルヴァ書房、62-80頁
ボードリヤール、ジャン（1984）『シミュラークルとシミュレーション』竹原あき子訳、法政大学出版局
ボルヘス、ホルヘ・ルイスほか（1998）『ボルヘス怪奇譚集』柳瀬尚紀訳、晶文社
スタインバーグ、マーク（2018）「第3章　物流するメディア――メディアミックス・ハブとしてのコンビニエンスストア」岡本健・松井広志編『ポスト情報メディア論』ナカニシヤ出版、37-55頁
メイロウィッツ、ジョシュア（2003）『場所感の喪失――電子メディアが社会的行動に及ぼす影響（上）』安川一ほか訳、新曜社
吉見俊哉（2007）「メディア環境のなかの子ども文化」北田暁大＋大多和直樹編『子どもとニューメディア』日本図書センター
吉見俊哉（2013）「多孔的なメディア都市とグローバルな資本の文化地政」石田英敬＋吉見俊哉＋マイク・フェザーストーン編『デジタル・スタディーズ3　メディア都市』ＮＴＴ出版
WIRED編集部（2019）『WIRED（ワイアード）』VOL.33「MIRROR WORLD #デジタルツインへようこそ」プレジデント社

初出一覧

第 1 章
松本健太郎（2021）「デジタルメディアが運ぶものとは何か――シミュレートされる「メディウム」と「コンテンツ」の輪郭」小西卓三＋松本健太郎編『メディアとメッセージ――社会のなかのコミュニケーション』ナカニシヤ出版

第 3 章
塙幸枝（2021）「アイドルコンテンツ視聴をめぐるスコピック・レジーム――マルチアングル機能と VR 機能が見せるもの」高馬京子＋松本健太郎編『〈みる／みられる〉のメディア論――理論・技術・表象・社会から考える視覚関係』ナカニシヤ出版

第 4 章
松本健太郎（2021）「メディアと化す旅／コンテンツと化す観光―― COVID-19 がもたらした「バーチャル観光」の諸相」立命館大学人文科学研究所『立命館大学人文科学研究所紀要』125号，23-48 頁

第 6 章
松本健太郎（2019）「デジタル時代の幽霊表象――監視カメラが自動的／機械的に捕捉した幽霊動画を題材に」小山聡子・松本健太郎編『幽霊の歴史文化学』思文閣出版

第 7 章
塙幸枝（2021）「アクセシビリティと意味解釈――お笑いコンテンツにおける字幕付与」小西卓三＋松本健太郎編『メディアとメッセージ――社会のなかのコミュニケーション』ナカニシヤ出版

第 8 章
松本健太郎（2020）「いかにして子供たちはコンテンツ文化に入っていくのか―― YouTube 上の幼児向け動画を題材として」岡本健＋田島悠来編『メディア・コンテンツ・スタディーズ――分析・考察・創造のための方法論』ナカニシヤ出版

第 10 章
松本健太郎・黒澤優太（2021）「メディアミックス的なネットワークに組み込まれる人びとの身体――サンリオピューロランドにおけるテーマ性／テーマパーク性の流動化」高馬京子＋松本健太郎編『〈みる／みられる〉のメディア論――理論・技術・表象・社会から考える視覚関係』ナカニシヤ出版

第 11 章
松本健太郎（2022）「YouTube 動画による「旅の体験」の共有――コンテンツ／プラットフォームとしてのその役割」立命館大学人文科学研究所『立命館大学人文科学研究所紀要』131号，241-270 頁

上記以外の序章、第 2 章、第 5 章、第 9 章、第 12 章は、書き下ろし。

ら 行

ま　行

や　行

た　行

な　行

は　行

さ　行

か　行

事項索引

や　行

ら・わ　行

人名索引

著者紹介

松本健太郎（まつもと けんたろう）

二松学舎大学文学部教授。専門：映像記号論、デジタルメディア論、観光コミュニケーション論。最近ではデジタル環境下におけるイマジネーションの組成、あるいは、（スマートフォンやそこで駆動するゲームやデジタル地図などを題材としながら）テクノロジーがシミュレートする行為のリアリティについて考えている。また、サンリオ文化とその受容の問題に関心を抱いている。

著書：『ロラン・バルトにとって写真とは何か』（ナカニシヤ出版、2014年）、『デジタル記号論――「視覚に従属する触覚」がひきよせるリアリティ』（新曜社、2019年）、共編『ポケモンGOからの問い――拡張される世界のリアリティ』（新曜社、2018年）、共編『よくわかる観光コミュニケーション論』（ミネルヴァ書房、2022年）など。

塙 幸枝（ばん ゆきえ）

成城大学文芸学部専任講師。専門：コミュニケーション学、メディア論。これまでの研究ではメディアの表象分析を中心に、障害者と笑いの関係（なぜ障害者は笑いのジャンルから排除されてきたのか）を考察してきた。最近は「笑いとコンプライアンス」というテーマのもと、笑いをめぐる規範とタブーの問題に取り組んでいる。

著書：『障害者と笑い――障害をめぐるコミュニケーションを拓く』（新曜社、2018年）、共編『グローバル社会における異文化コミュニケーション――身近な「異」から考える』（三修社、2019年）、共著『メディアコミュニケーション学講義――記号／メディア／コミュニケーションから考える人間と文化』（ナカニシヤ出版、2019年）など。

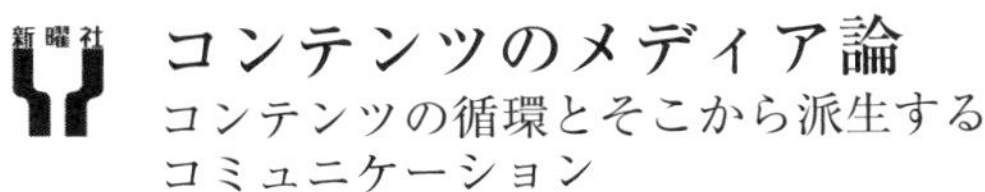

コンテンツのメディア論
コンテンツの循環とそこから派生するコミュニケーション

初版第1刷発行　2022年10月28日

著　者　松本健太郎・塙 幸枝
発行者　塩浦　暲
発行所　株式会社 新曜社
〒101-0051 東京都千代田区神田神保町3-9
電話 (03)3264-4973㈹・Fax (03)3239-2958
E-mail：info@shin-yo-sha.co.jp
URL：https://www.shin-yo-sha.co.jp/
印　刷　メデューム
製　本　積信堂

ISBN978-4-7885-1783-7　C1036